1分間マネジャーの時間管理

働きすぎを解消する仕事のさばき方

ケン・ブランチャード／ウィリアム・オンケンJr／ハル・バローズ

永井二菜 訳

THE ONE MINUTE MANAGER Meets the Monkey

Ken Blanchard
William, Jr. Oncken
Hal Burrows

献辞

ウィリアム・オンケン・ジュニアをしのんで

ビル（ウィリアム）・オンケンは、ウォルフガング・アマデウス・モーツァルトに似て、自作と自演の両方に秀でた類まれなる才能の持ち主だった。モーツァルトと違うのは、音符ではなく言葉を操ったことである。

その代表作『管理職の時間管理（Managing Management Time）』はマネジ

メントの極意を説いた不朽の名作であり、企業とともに歩んできた歴史ある芸術作品だ。
　自作を自演するビルの姿を一度でも見た者は、そのときの感動を一生忘れることはない！

ハル・バローズ

シンボル

〈1分間マネジャー〉のシンボル。
時計の文字盤が示す一分は、部下の顔を毎日一分間、思い浮かべるように促している。
管理職のいちばんの宝は部下であることを肝に銘じるために。

サルに囲まれるマネジャーのシンボル。
人の問題を抱え込んで辟易する管理職の姿は、日ごろの心がけがいかに大切かを教えている。
管理職はマネジメントに時間をかけるべきであって、「やらなくていいことを効率よくやる」ことに時間をかけてはいけない。

目次

復刊に寄せて

『1分間マネジャー』（ダイヤモンド社）のヒットには今も驚いている。

大学で十年ほど教鞭を執っていた私は、教科書を何冊か書いたことはあったが一般書の類は書いたことがなかった。共著者のスペンサー・ジョンソンとはカリフォルニア州サンディエゴで開かれた著述家の懇親会で知り合った。

スペンサーは児童書の人気作家であり、私と出会ったときは目標設定とフィードバックをテーマにした『1分間育児（One Minute Parent）』という新作を執筆中だった。私も似たようなテーマで講義をしていたので、次の月曜日のゼミにスペンサーを招いた。

スペンサーは教室の隅に座り、にこやかに、ときに笑い声を立てて私の話を聴いていた。そして講義が終わると、私のところに駆け寄り、「新作の話は忘れてくれ。一緒に『1分間マネジャー』を書こうよ」と言った。

私は教授として、スペンサーは作家として、日々ストーリーを語っている。だったら、管理職向けの指南書を物語風に書いてみよう。その単純なアイデアが『1分間マネジャー』の人気につながったのだと思う。

『1分間マネジャー』の成功を受けて、私は仕事術をテーマにした楽しい読み物を書かせてもらうことになった。

続いて発表したのが『1分間リーダーシップ』（ダイヤモンド社）だ。ドリア・ジガーミとパット・ジガーミを共著者に迎え、1分間マネジャーのエピソードに交えてシチュエーショナル・リーダーシップ®Ⅱを紹介（訳注ケン・ブランチャード博士の研究調査に基づいて開発されたもので、世界三〇カ国で実証済みの状況対応型リーダー育成プログラム)。これは、私とポール・ハーシィが一九六〇年代に編み出したリーダー育成理論で、この本では部下や状況に合わせてリーダーシップを発揮する方法を指南した。

その後、縁あってシェルダン・ボウルズと親しくなった。シェルダンはカナダ西部に展開するガソリンスタンドチェーン、ドモ石油の共同創業者である。

一九七〇年代、セルフスタンドが当たり前だった時代にシェルダンはフルサービスを提供するガソリンスタンドをオープン。客はピットインしたカーレーサーさながらにサービスを受けることができる。スタンドに客の車が入ってくると、赤いつなぎを着た従業員が数人駆け寄ってくる。そしてあっという間にエンジンルームを点検し、ウインドウを拭き、給油する。店舗によってはコーヒーや新聞を無料で提供し、車内の清掃までやるところもある。帰っていく客に手渡すチラシには、こんな文句が――「ちなみにガソリンも売っています」。ドモは大成功を収めた。

シェルダンは「君と一緒に本を書きたい」と言ってきた。彼は顧客の心をつかむ方法を知り尽くしている。そこで共同執筆したのが『1分間顧客サービス――熱狂的なファンをつくる3つの秘訣』（ダイヤモンド社）で、これは世界的なベストセラーになった。

その後、私とシェルダンは〝熱狂的なファンをつくる〟には従業員の士気を高めることが不可欠と思い至り、『1分間モチベーション』（パンローリングより刊行予定）を発表。サクセスストーリーに絡めて社員のモチベーションを上げる方法を紹介した。社員が自分の仕事と会社に惚れ込めば、その情熱は顧客を熱狂させる。

本書『1分間マネジャーの時間管理』は〝1分間シリーズ〟のなかで、もっともユーモアあふれる一冊になったのではないか。というのも、私の知るかぎり、ビル・オンケンほどユーモアの分かる人物はいないからだ。

ビルは名門プリンストン大学の出身で、人間観察の達人であり、講演会では〝サル〟にまつわるエピソードをたびたび披露した。

サルとは何か。「問題が起きました」と言って部下が相談に来るとき、必ずついてくるアレだ。

「そういうときは用心したほうがいい。サルは部下の肩から、こっちの肩に跳び移ろうとするからね」とビルは言った。

サルは抹殺するか世話するかしかない。人のサルを預かれば、世話係を引き受けたことになる。その翌日、サルを預けたほうはあなたの顔を見て言うだろう。「昨日預けた例のサル（件）、どうなってます？」

こうしてあなたは人の仕事を代行することになるのだ。

私はこの一節がすっかり気に入り、「サルのエピソードを膨らませて、おもしろくて分かりやすい本にしよう」とビルにもちかけた。ビルのパートナーのハル・バローズにも声をかけ、三人で執筆した『1分間マネジャーの時間管理』はシリーズを代表するベストセラーになった。

このたび〝1分間シリーズ〟が復刊すると聞いて大変嬉しく思っている。全冊揃えれば、管理職向けの格好の参考書になる。とくに管理職一年生のみなさんには良い入門書になるだろう。マネジメントの基本は『1分間マネジャー』で学び、部下の強みを最大限に引き出すには『1分間リーダーシップ』を参考にするといい。

そもそも、何のためのマネジメント術なのか。『1分間顧客サービス』のいう〝熱狂的な顧客〟をつくるためだ。それには『1分間モチベーション』が説くように部下の士気を上げるしかない。そして最後は本書を参考にしながら、部下が自分のサルを自分の手で管理できるように導こう。

この五冊を読破すれば、管理職としての力量も、部下の士気も、顧客の満足度も上がること請け合いだ。みなさんに気に入っていただけたら幸いである。単純だが説得力のある真理が、みなさんの、みなさんの部下の、みなさんの会社の役に立つことを願ってやまない。

カリフォルニア州サンディエゴにて　ケン・ブランチャード

はじめに

これから始まる物語の主人公は、悩める中間管理職だ。

どれほど時間をかけて働いても、仕事が片づく気配は一向にない。そんな主人公が〝サル〟の管理を学んだことで現場に主導権を渡し、部下のサルを部下に一任することに成功。その過程で直属の上司や他部署とのつき合い方を改める。

その結果、彼の部署はめざましい成果を上げ、彼自身のキャリアも好転していく。

ビル・オンケンの『管理職の時間管理』と題したセミナーと著書には宝石のような知恵が詰まっている。組織のからくりを説き、上司、部下、社内外の仕事仲間から協力を得る方法を指南してくれる。本書は、そのなかの〝部下管理〟を原典にした。

本書を自分のために、仕事仲間のために、家族のために役立ててもらえたら最高である。

ケン・ブランチャード

ビル・オンケンに捧ぐ

十年ほど前、心から嬉しい出来事があった――ビル（ウィリアム）・オンケンとの出会いだ。

ビルの名前と〝サル理論〟を初めて知ったのは、ハーバード・ビジネス・レビュー誌一九七四年十一月号に掲載された伝説の記事を読んだときだった。ビルとドナルド・ワースが共同で発表したその記事には「管理職の時間管理――そのサルは誰のもの？」というタイトルが付いていた。

一読して、目からウロコが落ちた。当時の私は米マサチューセッツ大学教育学部の終身教授だったが、ビルの言葉を借りれば「典型的な滅私奉公型のインテリ」で、人が苦労しているのを黙って見ていられないタイプ――要するに〝サルの世話を焼かずにいられない〟タイプだった。

その数年後、ビルが講師を務める『管理職の時間管理』というセミナーに参加した。ビルが管理職ならではの悩みを指摘するたびに、受講者はドッと笑った。人前で泣くのはみっともないから、笑うしかなかったのである。だから、全員で大いに笑った。なぜ大笑いしたのか。ビル・オンケンが組織で働くことの不条理と現実をこれでもかというほど鋭く突くので、痛くてたまらなかったからである。

ビル・オンケンが誰よりもはっきりと教えてくれたのは、本気で人のためを思うなら、釣った魚を分けてやるのではなく、魚の釣り方を教えてやれということだ。部下の自立の機会を奪って、サルの世話を代わってやるのは余計なお世話でしかない。部下が自力で解決できることには手を出すなということだ。

ハル・バローズから本書を一緒に書こうと誘われたときは天にも昇る気持ちだった。ハルはウィリアム・オンケン・カンパニーを盛り立ててきたビルの右腕であり、『管理職の時間管理』セミナーの講師としてもひときわ存在感を放っていた。本書を〝1分間シリーズ〟に加えられたことを光栄に思う。

私とハルはビルのアドバイスを受けながら、三年あまりにわたって推敲を重ねた。そのさなかにビルは病に倒れ、帰らぬ人となった。ビルは本書の完成を見ていない。ビルを失ったことを思うと、この瞬間も胸が痛くなる。ビル・オンケンと接することのなかった人たちを思うと余計に悲しい。その人たちがいちばん痛手をこうむっているからだ。

本書が、その痛手を少しでも和らげることを願っている。ここには、ビル・オンケンやハル・バローズが何千人もの管理職に伝えてきたサル管理の極意が忠実にユーモラスに再現されている。本書はビル・オンケンの置き土産。あの含蓄とウィットが息づいている。

1

二年前の私

あなたも他人のトラブルを抱え込んで途方にくれているひとりなら、これから読む話はあなたの生き方を変えてくれるかもしれない。主人公はある企業の中間管理職だが、役職や立場に関係なく読んでもらえると思う。とくに教員や親御さんに当てはまる内容だ。

これは私の体験談である。危機的状況にあった私のキャリアは、二人の有能な人物から貴重な知恵を授かったことで大きく好転した。その一部始終をここで公開しようと思ったのは、両人の知恵をあなたにも伝えたかったからだ。私が救われたように、あなたも救われることを願って。

話は二年ほど前にさかのぼる。その日の昼休み、私は友人の〈1分間マネジャー〉と会った。オフィスに戻った私はデスクの前に座り、感嘆のあまり首を振りながら、友人との会話を振り返った。

昼食の席で私は仕事の悩みを打ち明けた。友人は話を聞き終えると、静かに原因を指摘した。あまりにもあっけなく判明したので、私はあ然とした。

何よりも驚いたのは、私自身が原因だったという事実だ。どうりで、ひとりで考えても分からなかったわけである。しかし、よくよく周囲を見渡してみると、頭を抱えているのは私だけではない。同じ悩みをもつ管理職はごまんといる。

私はオフィスでひとり、声を上げて笑った。そして誰に言うともなしに「サルか！」と言った。「サルが諸悪の根源だったとは、夢にも思わなかったなあ……」

2

管理職に昇進

あのとき、デスクに置いてある妻と子供の写真を見ながら久しぶりに笑顔になったのをおぼえている。これからは家族と過ごす時間が増えると思うと嬉しくなったのだ。

〝サル談義〟のおよそ一年前、私は初めて管理職に就いた。幸先は良かった。私は新しい役職に燃えていたし、その熱意は部下にも伝わったのだろう。部署の生産性と士気は徐々に向上した。私が着任するまでは、どちらも落ち込んでいたらしい。

ところが当初の勢いも長くは続かなかった。部署のパフォーマンスがみるみるうちに下がり始めたのだ。最初はじりじりと、やがてストンと。パフォーマンスに伴って部下の士気も低下した。

私は深夜まで仕事をしたが、それでも部署の失速を食い止めることはできない。私は戸惑い、いら立った。頑張れば頑張るほど、かえって仕事はたまり、部署の成績は悪くなっていくようだった。

平日は毎日残業、土曜日も出社し、日曜日を返上することもあった。それでも仕事が片づく気配は一向にない。気の休まるときはなく、ストレスは極度に達した。そのうち胃潰瘍ができて、顔がひきつれるのではないか。

しわ寄せは家族にもいった。私がほとんど家にいないので、家事や育児は妻のサラが一手にこなすはめになった。たまに家にいても体はくたくた、頭の中は仕事のことでいっぱいで、夜中まで悶々とするときもあった。二人の子供も、そんな父親に愛想を尽かしたようだ。ちっとも遊んでくれないのだから当然だろう。しかし、どうすることもできなかった。とにかく仕事を片づけなくては……。

直属の上司のアリス・ケリーも最初のうちは私を好意的に見ていたようだが、だんだん態度が変わってきた。部署の状況をもっと頻繁に報告するように指示してきたのだ。上司が神経をとがらせているのは明らかだった。

3

上司の苦言

上司は、私がいちいち指示を仰ぎに来ない点は評価していたようだ。しかし私の部署については少なからず気をもんでいた。私もこのままではいけないと思った。だから、あえてアポを取り、上司のところに相談に行ったのだ。

「状況が芳しくないのは重々承知していますが、どうしたらいいのか分かりません」

私は正直に話した。そして私自身の負担についても「まるで二人分の仕事をこなしているような忙しさです」とこぼした。

そのとき返って来た言葉は一生忘れられない。

「その二人が誰なのか言いなさい。一人はクビにするわ。うちには余計な人件費を払う余裕はないの」

上司は、もっと現場に仕事を任せたらどうかと提案してきた。しかし私は、責任ある仕事を部下に任せるにはまだ早いと答えた。そのとき返って来た言葉はこれまた一生忘れられない。

「だったら、任せられるように育てるのがあなたの仕事でしょう！　私は今の状況に危機感をもっているわ。ベンジャミン・フランクリンのおじいさんはこう言ったそうよ」


ピリピリしている上司をもつと大変だ。

ピリピリさせているのが自分なら、なおさら大変だ！

4

〈1分間マネジャー〉に相談

私は上司に言われたことをよくよく考えてみた。「ピリピリしている上司」という言葉が耳について離れない。そのうち上司の言わんとしていることが分かってきた。自分で解決しなさいと言いたかったのだ。上司自身も大きなプロジェクトを抱えて手一杯なのだろう。

そこで私は〈1分間マネジャー〉をランチに誘い出し、相談することにした。彼は別の企業に勤める上級管理職で、家族ぐるみでつき合ってきた旧友でもある。彼が〈1分間マネジャー〉と呼ばれている理由は、自分はほとんど動かずに、部下を上手に動かして輝かしい成果を上げているからだ。

待ち合わせ場所のレストランにつくと、彼は開口一番こう言った。「管理職は思ったほどラクじゃない、というところかな？」

私の顔にストレスが出てしまっていたようだ。

「ラクじゃないどころじゃないよ」と私は返し、管理職に昇進する前の良き時代を懐かしんだ。あのころは今よりもはるかにラクだった。


結果は努力しだいでついてくるものだった。現場にいたときは頑張ったぶんだけ成果が上がった。「それが今では逆なんだ」と私は嘆いた。

私が詳しい事情を説明しているあいだ、〈1分間マネジャー〉はひたすら耳を傾け、質問があるときだけ口を開いた。質問はだんだん鋭くなり、しまいには、いちばん時間を取られる仕事は何かと聞かれた。

「山のようなペーパーワーク」と私は答えた。「それはもう半端な量じゃない。しかも増える一方だ」

へたをすると提出する書類を書いているだけで一日が終わってしまい、肝心の本業はちっともはかどらない。これぞ**手段が目的を凌駕している**。皮肉な話だ。労力をかけるほど、達成が遠のいていくのだから。

とくに昨日は全社員から用事を言いつけられた気がする。相手にとっては大事な用事かもしれないが、私にとっては雑務も同然だった。しかも、ひとつの用事に取りかかろうとすると、決まって邪魔が入る。おかげで他部署との打ち合わせや業務連絡にすっかり時間を取られた。ペーパーワークを処理し、会議や内線電話に出ていたら、かねてから考えていた部署の改善計画に手をつける暇がなくなってしまった。

5

管理職のジレンマ

じつは以前、時間管理をテーマにしたセミナーを受講したことがあった。しかし、はっきり言って、あれは無駄だった。そもそも二日間のセミナーに参加したために、仕事が二日分たまってしまったのだ。セミナーのおかげで多少は効率よく時間を使えるようになったが、そのぶん仕事をしている時間が長くなってしまった。なにしろ、手つかずの仕事ならいくらでもあるのだから。

それから部下も悩みの種だ。廊下で、エレベーターで、駐車場で、社員食堂で出くわすと、何かしら指示を求めてくる。だから私は残業するはめになり、部下はしないですむのではないか。

オフィスのドアを開けっ放しにしていると、誰かしら指示を仰ぎに来るのでドアはたいてい閉め切っている。しかし、それがまずかったようだ。結果として、現場の仕事は滞り、ひいては部下の士気を低下させたのかもしれない。

〈1分間マネジャー〉は私の話を真剣に聞いていた。そして聞き終えると、感想を述べた――「どうやら君は管理職ならではのジレンマに陥ったようだ」


上司は時間に追われているのに、部下は時間をもてあましている。

これはいったい、どうしたわけか。


鋭い指摘だと思った。私の時間を奪っているのが部下だけではないことを考えると、なおさらだ。

「でもね」と私は口を開いた。「頼りにされて文句を言ったら、バチが当たるかもしれないな。こんなご時世だから、せめて〝いないと困る〟存在にならないと、いつクビにされるか分かったもんじゃないだろう？」

だが、それも〈1分間マネジャー〉はピシャリと否定した。

いないと困る管理職など、百害あって一利なし。とくに現場のブレーキになるのがいただけない。自分がいないとみんなが困る、自分に代わる人間はいないと思っている管理職ほど、現場に災いをもたらすので、簡単に代えられてしまう。もっと言えば、上役はそんな管理職を昇進させるわけにはいかないだろう。自分の代わりはいないと思っているので後継者を育てていないからだ――。

私はそれを聞いて、上司との会話を思い出した。上司の言動から察するに、私のことを〝代えのきかない存在〟だと考えているとはとうてい思えない。いや、考えれば考えるほど目が覚めてきた。部署の問題をさっさと解決しなければ、次に上司に会うときは人事の話になるだろう——私の降格人事だ！

しかし、それも当然ではないか。少人数の部下すら束ねられない人間に、管理職が務まるわけがない。

6

諸悪の根源〝サル〟の正体

そのときだった。〈1分間マネジャー〉が（当時の私にとって）衝撃の診断を下したのは……。

その前に指摘されたのは、私が試みた解決策（連日の残業やセミナーの受講）は原因療法ではなく対症療法にすぎないということ。言ってみれば、アスピリンを飲んで熱を下げようとしているだけで、発熱の原因を治そうとはしていない。だから症状は悪化する一方なのだ、と。

私はムッとした――そんなことを聞きに来たんじゃない。今までの努力はすべて間違いだったと言うのか。第一、連日残業しなかったら、仕事はもっとたまっていただろう。

私は〈1分間マネジャー〉の指摘に反論しようとしたが、すぐに撃沈された。痛恨の事実を突きつけられたからだ。今の部署は、私の着任前と着任後とで、扱う業務もメンバーも変わっていない。変わったのは……上司の私だけ！

苦い現実が心にしみてきた。風刺漫画の主人公のセリフを借りれば、「敵が分かった……俺だ！」である。

そのときのことを今、振り返ると、決まってある笑い話を思い出す。それはサラリーマン同士の昼休みの会話だ。全員が弁当を持参してきたが、ひとりが弁当箱を開けてこう叫ぶ。「またハムサンドか！　これで四日連続ハムサンドだ！　俺はハムが嫌いなんだよ！」

同僚が「まあまあ。だったら、奥さんに違うサンドイッチを作ってもらえばいいじゃないか」となだめる。

すると先ほどのサラリーマンは言った。「奥さんだって⁉　サンドイッチを作っているのは俺だよ！」

〈1分間マネジャー〉の指摘にムッとした私だったが、ほかに相談できるあてもなかったので、病気の原因とやらを詳しく話してくれるように頼んだ。

〈1分間マネジャー〉は私の目を見つめながら言った。「君を苦しめているのは……**サルだ！**」

「サルか！」。私は吹き出した。「そうかもしれないな。たしかに僕のオフィスは動物園さながらだし。で、サルって何？」

〈1分間マネジャー〉は答えた。

サルとは〝次の対応〟のことである。

7

飼い主は誰?

〈1分間マネジャー〉は例え話を交えてサルの定義を説明してくれた。それがあまりにも具体的でリアルだったから、今でも一字一句ほぼ正確におぼえている。そのとき彼はこう言った。

「僕は今、社内を移動しているとしよう。途中、廊下で部下とすれ違い、話しかけられる。『おはようございます、課長。ちょっと、いいですか。じつは現場で問題が起きまして……』。問題と聞いて無視するわけにはいかないから、僕は足を止め、部下の話に耳を傾ける。だいたいの説明を聞くうちに、あくびが出てくる。僕にとって、その程度の問題は問題のうちにも入らない。しかし時間はあっという間に過ぎていく。腕時計に目をやると、五分ぐらいかと思っていた立ち話は三〇分にもおよんでいた」

「先方と約束した時間はすでに過ぎている。部下の話を聞くかぎり、指示を出す必要があることは分かったが、どう指示していいのかはまだ分からない。そこで僕は『非常にゆゆしき問題だが、今はゆっくり話している暇がない。少し考えさせてくれないか』と一応の返事をする。そして、ふたりは別れた」

〈1分間マネジャー〉は話を続けた。

「今のやりとりを離れたところから観察していれば、ふたりのあいだに何が起きたのかは一目瞭然だ。ところが、渦中の当事者はほとんど分からない。立ち話が始まるまで、サルは部下の肩に乗っていた。立ち話が始まると、部下の案件は僕と部下の共通案件になるから、サルは僕の肩に片足を移動した。そして僕が『少し考えさせてくれないか』と言った瞬間に、サルはもう片足も僕の肩に移動させる。部下は十キロほど身軽になって、その場を去るんだ。どうしてだか分かるかい？　サルが僕の肩に完全に乗り移ったからだよ」

「部下の言う〝問題〟は、部下が担当するプロジェクトで発生したとしよう」

「部下にはその問題に対応するだけの能力がある。その場合、サルを預かった僕は、本来なら部下がやるべき仕事をふたつ引き受けたことになる。ひとつは問題への対応、もうひとつは進捗状況の報告。つまり、こういうことだ——」

サルのいるところに二つの役割が生じる。世話係と監督だ。

「この例だと、僕が世話係で、部下がその監督。部下は自分が上役であることを確認したいから、僕のオフィスを一日に何度ものぞいて『こんにちは。例の件、どうなりました？』と聞くわけだ。そして満足のいく回答が得られないと早くやれとせかし始める……本来は部下の仕事なのにね」

私は言葉を失った。上下関係が逆転する経緯を分かりやすく説明してもらったおかげで、自分のオフィスにサルがうようよしているのが分かった。

いちばん新入りのサルは部下のベンが寄こしたメモだ。そのメモにはこう書いてあった。

〝ベータプロジェクトの件で資材部の協力が得られません。資材部の責任者にかけ合ってもらえませんか〟。

私は当然のように引き受けた。それからベンは二度にわたって「例の件、どうなりました？　資材部に話をつけてくれましたか」とせっついてきたが、私は二度とも決まり悪く返事をするしかなかった。

「いや、まだだ。でも心配するな。必ずやるから」

もう一匹はマリアのサルだ。マリアは、私が「社内の事情通で問題解決のベテラン」であることを（めざとく）見込んで助けを求めてきた。

引き受けたサルはほかにもいる。エリックに渡すことになっている職務説明書の作成だ。エリックは新規プロジェクトの責任者として別の部署から異動してきたが、私は忙殺されていて彼の職務内容を考える暇がなかった。だからエリックに何をしたらいいのか尋ねられたとき、職務説明書にまとめると約束したのだ。

サルの姿とともに、それを引き受けたときの状況が目に浮かんだ。先日も二匹加わった。リーサとゴードンの報告書に不備を見つけたときだ。リーサには注意書きを添えたうえで、再度提出させるつもりだったが、ゴードンに書き直しを命じるのはこれで四度目。いっそのこと、自分で書き直そうかと考えていたところだった。


サル、サル、サル、サル！　なかには**とばっちり**と呼びたいサルもいた。とばっちりザルを寄こすのは決まってマリアだ。トラブルメーカーのマリアは他部署にたびたび迷惑をかけるが、苦情はいつも私のところに来る。私が「すぐに調べて返事をします」と言うからだろう。

さらに考えてみると、サルのなかには災いではなく幸運を招くものもいる。例えば、ベンは抜群の発想力で次々にアイデアを出す。しかし、アイデアをかたちにするのは、控えめに言って、得意ではない。ベンの発案は、たとえ未熟であっても、大きな可能性を秘めている。だから私は、ベンに代わってアイデアを実現するための段取りを考え、自ら企画書を起こしてきた。

歴代のサルを思い出すと、その大半はやはり部下に任せるべきだった。しかし、私にしか扱えないサルもいた――つまり**管理職の職域**だ。スタッフの力不足や欠勤によって現場の仕事に支障が出た場合は、上司が助け舟を出す必要がある。緊急事態が発生したときも、平時なら部下に担当させるサルを上司が引き受けることもあるだろう。

このほか私がサルを正式に引き受けるのは、特定の案件に対して部下から提案があった場合だ。提案を預かった時点で〝次の対応〟をするのは私の仕事――部下の提案を聞くか読むかして、質問、検討、是非の判断、返事をしなければいけない。

8

負のスパイラル

一部のサルが私の職域であるという見解には〈1分間マネジャー〉も賛成してくれた。しかし、私も彼も、私のオフィスに集まっているサルのうち九割は〝絶対に引き受けてはいけなかったサル〟という結論に達した。

そのせいで悪循環が生じたことは容易に想像できる。部下に任せておけばいいサルをわざわざ引き受けるということは、**サルが好き**というメッセージを発しているのと同じだ。だから部下は当然のように私にサルを寄こしてきたのだ。そのうちサルは私の手に余るようになり（上司や他部署が寄こすサルもいるので)、勤務時間内ではさばききれなくなった。それでもサルはどんどん寄ってくる。

そこで私はプライベートな時間を**借りる**ことにした。エクササイズの時間、趣味の時間、地域活動の時間、教会に行く時間、はては家族と過ごす時間まで(「家庭サービスは量より質が大切だ」などと自分に言い聞かせていた)。

ついに借りられる時間も尽きたが、それでもサルは寄ってくる。ここから仕事に遅れが出るようになった。私は手間取り、部下は待ちぼうけ。そのあいだサルたちは放ったらかしだ。時間のロスもはなはだしい!

私の仕事の遅れが部下にブレーキをかけた。
ブレーキをかけられた部下は他部署のブレーキになってしまった。

そして他部署から苦情が来ると、私は決まって「すぐに調べて返事をします」と約束した。この〝横から跳んでくるサル〟にかまっていたら、部下のサルにあてる時間はますますなくなった。

さらに我が部署の良からぬ評判を聞きつけた上司がまめに報告を上げろとせっついてきた。この〝上から降ってくるサル〟は最優先課題だから、ほかのサルにかまう時間はさらになくなったのである。

負のスパイラルを振り返ってみると、私自身が各方面の仕事にブレーキをかけていたことがよく分かった。今までどれほど迷惑をかけてきたのだろう。むろん、いちばん犠牲になったのは我が身の〝機会費用〟だ。人のサルに**一〇〇パーセントの時間**を費やしていたのだから、自分のやりたい仕事をやる機会はゼロだった。私は**管理する側ではなくされる側**だった。**能動的ではなく受け身**だった。ただ機械的に仕事をこなしているにすぎなかったのだ。

9

結論

〈1分間マネジャー〉とランチをともにしているあいだ、私たちはもっぱら会社組織におけるサルの弊害について話し合った。そしてランチが終わるころになって、私はサルの扱いが分からないことにようやく気づいた。

「白状するよ。たしかに僕のオフィスはサル山だ。だけど、どうすればいい？上司の指示や煩雑な事務処理にも対処してなくてはいけないし……」

〈1分間マネジャー〉は答えた。「上司が寄こす〝上から降ってくるサル〟も、他部署の同僚が寄こす〝横から跳んでくるサル〟も、元を正せば部下が寄こす〝下から登ってくるサル〟から派生している。だから、まずは部下のサルを片づければ、ほかのサルに対処する余裕もできるんじゃないかな。でも、その具体的な方法を僕の口からここで言うのはよろしくない。それよりも『管理職の時間管理』というセミナーを受講することだよ」

私はさきほどの話を繰り返した――その手のセミナーに参加したことはあるが、裏目に出てしまったと。

〈1分間マネジャー〉は「なるほど」と言った。「だけど、こっちのセミナーは違うんだ。君が受講したのは〝どうやるか〟だけを教えるセミナーだったよね。それも結構だけど〝何をやるか〟については教えてくれなかっただろう？だから仕事は早くなったけれど、やる仕事そのものを間違えてしまったんだよ。パイロットに例えれば、空港を間違えて見事に着陸したようなものだね。僕が勧めるセミナーではこう教えている――」

やる価値のないことを効率よくやる価値はない。

10

〈1分間マネジャー〉、ビル・オンケンと出会う

私は別れぎわに〈1分間マネジャー〉に礼を言い、そのセミナーに必ず参加すると約束した（二日も休みが取れるかどうか心配だったが）。そして、どうしてサル管理を学ぼうと思ったのか尋ねてみた。返ってきた答えに耳を疑った。

〈1分間マネジャー〉はニヤリとしながら、こう言ったのだ。

「君と同じ悩みを抱えていたからだよ。もっとも、僕のほうがずっと深刻だったけどね。僕も今の君と同じように、仕事に行き詰まって焦っていたんだ。ある日、僕のデスクに例のセミナーのパンフレットが回ってきた。わらをもつか

む気持ちで受講したんだけど、受講して本当に良かったよ。サル管理のすべてを学ぶことができたからね」

信じられなかった。管理職の鑑のような彼が同じ苦しみを経験していたとは……。そのセミナーのことを詳しく教えてほしいと頼むと、〈1分間マネジャー〉は嬉しそうに話してくれた。

「講師はセミナーを企画したビル・オンケンという人物。彼の体験談には引き込まれたよ。目からウロコが落ちた。あの話は一生忘れることはできないね。気味が悪くなるくらい、僕が置かれた状況にそっくりだったんだ」

「オンケン自身も、僕や君のように、いくら残業しても仕事が片づかなかったらしい。休日出勤も当たり前。その土曜日も、たまった仕事を片づけるために朝早く家を出た。寂しそうに見送る妻子に『家族のために頑張ってくるからね』と言い残して。それを聞いたときは涙が出そうになったよ。僕もまったく同じセリフを家族に言ったばかりだったから」

「その土曜の朝、オンケンが会社の窓越しに外を見ると、道を隔てた向かいのゴルフ場に部下がいるのが見えた。これからプレーをスタートするところだった。『部下はゴルフか。こっちは仕事だ！』とオンケンはぼやいた。『ハエに変身して連中のところまで飛んで行けたら、きっと俺の悪口を言っているに違いない――こっちは気楽なもんだ。さっき会社の駐車場に誰の車が入っていったと思う？　うちの上司もようやく稼ぐ気になったか！』」

〈1分間マネジャー〉は話を続けた。「それからオンケンは、デスクの上に山積みされた書類に目を落とした。そして突然目が覚めた。自分がやろうとしているのは**部下の仕事**だ。こうしてたまっているのは部下の仕事であって、自分のではない。第一、始めてもいない自分の仕事がたまるわけがない。オンケンは雷に打たれたようになった。私は部下を使っているのではなく、部下に使われている！　部下四人がひっきりなしに寄こす仕事を自分が一人で処理している。これじゃあ、いつまでたっても仕事は片づかない。ひとつ終われば、またひとつ増えるのだから」

「そのときオンケンは気づいたんだ」と〈1分間マネジャー〉は楽しそうに続けた。「片づいていないのは仕事だけじゃないってことにね。だからオフィスを飛び出し、廊下を全速力で駆けた。その姿を見た清掃員が『そんなに急いでどこへ行くんですか』と尋ねたそうだ」

「オンケンは振り向きざまに『行くんじゃなくて、逃げるんだ』と答えたそうだよ」

「それから彼は六段抜かしで階段を駆け降り、車に飛び乗って、家路を急いだ。それまでは週末が来るのがゆううつだった。なのに自宅に着くまでの三〇分間で、家族と過ごせると思うと週末が楽しみになった。オンケンはその週末を家族みんなで楽しく過ごし、土曜の夜はぐっすり眠れたらしい。あまりによく寝ているので、奥さんはオンケンの呼吸を二度も確かめたそうだよ」

「まさに」と〈1分間マネジャー〉は言葉をついだ。「それは当時の僕そのものだった。僕も他人のサルを引き受けずにはいられなかったんだ。でも、幸いなことに、オンケンに知恵を授かって以来、人生が変わったよ。君の人生もきっと変わるはずだ」

「そのセミナーの名前、確かにおぼえたよ」と私は言った。〈1分間マネジャー〉は微笑みながら、満足そうにうなずいた。

11

日常に潜むサルの大群

〈1分間マネジャー〉と別れた私は、彼の話に感嘆しながら会社に戻った。

自分のオフィスに一歩入ったとたん、そこかしこにサルがいるのが分かった。封筒の裏に書いた覚え書きも今ではサルに見える（そのときから〝封筒の裏〟で作ったメモパッドを商品化しようと計画している）。留守電のメッセージもサルだ（サルが電話線の中を移動する姿を想像した。大蛇に飲み込まれた小動物が大蛇の胴体を通過するイメージ）。私の書類カバンはサルの檻。デスクの上のメモ用紙は捕獲棒――これで人の肩に乗ったサルをよく捕まえたものだ。

オフィスの中を見渡していたら、妻と子供の写真に目が留まった。そのとき初めて気づいた――私が一緒に写っている家族写真は一枚もないことに！　この問題をなんとかしようと私は心に誓った。

家族の写真を見て、もうひとつ気づいたのは、私も妻も息子のサルを当たり前のように引き受けていることだ。

先日もそうだった。あの日は学校から帰ってきた息子が「ママ、パパ！　僕、テニス部をつくったんだ！」と報告した。私たちが「すごい！」「やったじゃないか」「立派ね」と口々にほめたところ、息子はこう言い出した。

「ひとつだけ困ったことがあるんだ。月曜日と水曜日と金曜日の放課後に学校からテニスコートまで車で送ってくれる人を探さなくちゃいけない。練習が終わったら迎えに来てくれる人も必要だしね」

さて、このサルを誰が引き受けたのか。お察しのとおり、私と妻である。祝い事がサル事案に一転した。

さらにまずいことに、サルはあっという間に増殖する！　妻は言った。「月曜なら私が送り迎えできるし、金曜も大丈夫だと思うわ。問題は水曜ね。私は絶対に無理。ほかの部員は誰？　その親御さんに送り迎えを頼もうかしら」

息子が部員の名前を挙げると、妻は「さっそくお願いしてみるわ。水曜日の送迎係が決まったら知らせるわね」。息子は「ありがとう、ママ！」と言い残すと〝あとは頼んだ〟と言わんばかりにテレビを見に行ってしまった。

12

〈1分間マネジャー〉の教育論

もちろん息子は車を運転できる歳ではなかった。だが送迎の手配なら自分でできたはずだ。そうしていたら、少しは責任感も芽生えただろう。そのときの状況を回想し、私はつくづく実感した――私たちは日常のあらゆる場面で、頼まれもしないサルをいとも簡単に引き受ける。そして自分のサルをほったらかし、相手を甘やかし、相手が自力で問題を解決する機会を奪っているのだ。

今の私にはジョージ・マーシャル将軍の言わんとしたことが心から理解できる。将軍は言った。「人を味方にしたいなら、その人に頼りにされてはいけない。

その人を頼りにすることだよ」

またベンジャミン・フランクリンもこう言った。「友人を敵に変えるには恩を着せるのがいちばんである」

〈1分間マネジャー〉と交わしたサル談義を振り返ってみると、彼は私が〝お呼びでないレスキュー隊〟と化していることに気づいたらしい。

お呼びでないレスキュー隊とは、本人が自分でできることを本人に先んじてやってしまう人だ。余計な世話を焼くことで、はからずも「あなたは力不足です」というメッセージを送ってしまう。

私の場合は相談に来た部下から、ことごとくサルを取り上げていた。つまり「この件は君には扱えないから、私が引き受けよう」と言うようなものだ。

〈1分間マネジャー〉によると、この症状に苦しんでいるのは私だけではないらしい。それどころか国民病になりつつあるという。

彼はまた、人のサルを引き受けずにいられない人たちを集めて「お呼びでないレスキュー隊自主治療協会」を立ち上げたいとも言っていた。そこに集まる人たちは筋金入りのお人好しばかりだろう。人助けに奔走する善男善女たちだが、結局は助けたい相手を甘やかしてダメにしてしまう。〈1分間マネジャー〉いわく、余計なレスキュー活動は国単位、社会単位で横行しているとか。〈1分間マネジャー〉はその問題の根深さを、野球少年の昔と今を引き合いにしながら説明してくれた。そのときの話は今も耳に残っている。

「僕が子供だったころは、野球をしたければ三つの課題をクリアしなくてはいけなかった。まずは道具の調達。草野球に欠かせない道具と言えばバットだ。だけど、当時バットは高級品だったから、使っているバットが折れても親に新品をねだるわけにはいかない。だから、折れたところを釘で固定して、その上からテープを巻いたんだ。そのバットでヒットを打ったときの感触は今でもはっきりおぼえている。一塁に着いても、まだ手がしびれていたよ」

「野球のボールが白だと知ったのは九歳のときだ。我が家に初めてテレビが来て、そのテレビで野球中継を見たときに本来のボールの色を知ったんだ。僕らが使っていた球はどれも黒いテープでぐるぐる巻きにされていた。だから、もとは硬球なのか軟球なのか見分けがつかない。どの球も黒い修繕テープが何重にも巻いてあって、軟球くらいの大きさになっていたからね。なかには、やけに重たくなってしまったボールもあった。それをショートまで飛ばせたら〝長打〟だと思ったくらいだよ」

「グローブはどうだったかと言うと……」と〈1分間マネジャー〉は続けた。「それも人数分はなかったね。僕の育ったところは貧困地区ではなかったけれど、グローブはやっぱりぜいたく品だった。攻守交代のとき、グローブをはめたままベンチに戻ったおぼえは一度もないな。これから守備につく友達に必ず貸してあげていたからね。今の子供は二つも三つもグローブを持っているけれど」

「道具が調達できたら、次はグラウンドの確保だ。都心の子供は、車の往来が少ない場所や車が停まっていない路上を見つけて練習したよ。僕のように地方に住んでいる子供は農地の一角か空き地を利用した。地面に転がっている大きな石を四つだけ残して、すべてどかす。その四つはベースの代わりだ」

「道具とグラウンドの問題がクリアできたら……」と〈1分間マネジャー〉は続けた。「残る課題はメンバー集めだ」

「近所には子供が少なかったから、手当たりしだいに声をかけて仲間を集めた。だから、メンバーの年齢はバラバラ。七〜八歳から十八歳までいたからね。おかげで憧れの先輩がいつも身近にいたんだ。ハリー・ヘイグに『やあ』と声をかけられたら、それだけで感激さ。ハリーにライトを守れと言われても文句は言わなかったし、途中でレフトに移動しろと命じられても素直に従った。『外野なんて嫌だ！』と親に泣きついたこともない。我慢していれば、いずれはピッチャーやキャッチャーや三塁手になれると分かっていたからね」

「道具とグラウンドとメンバーを確保したら、いよいよ練習開始。練習を積んで自分たちの力に自信がついたころ、誰かが『キース・ダラーもチームをつくって練習しているらしい』と情報を仕入れてきた。そこで、学校でダラーを見かけたメンバーが試合を申し込むわけだ。ダラーのチームと対戦して勝利をおさめると、また誰かが『ビリー・ブッシュもチームをつくったよ』と言い出した。そこでビリーのチームに試合を申し込み、またしても勝利をおさめたんだ」

「そんなことを繰り返すうちに、ひとつのリーグが誕生したよ。ベリアン・ボンバーズとか、シーコード・シシーズとか、アバフォイル・アシズとか、全六チームからなるリトルリーグだ。誰がつくったと思う？　僕ら子供たちだ！　リーグの運営は？　それも子供たち！　維持や管理は？　それも子供たちだ！」と

〈1分間マネジャー〉は熱く語った。

「今は誰がやっていると思う？　すべて親だよ！　子供はユニフォームに着替えるだけ。今どきの野球少年はユニフォームを持っている！　全員が小さなジョー・ディマジオかウィリー・メイズだ。でも、それは少年野球に限ったことじゃない。ジュニアスポーツ全般に言えることだね。去年、カナダの企業の役員と仕事をしたんだけれど、彼の車で移動する途中、『自宅に寄ってもいいかな？』と言われた。ホッケーをやっている息子を練習場まで送り届けたいからと。で、玄関先に車を停めてクラクションを鳴らすと、少年が出てきた――重たそうなプロテクターを着けて、よろよろしながらね。どう見てもゴールキーパーの格好だ。思わず『息子さんはいくつですか』と尋ねたよ。年齢も分からないほどの重装備だったから」

「すると七歳だと言う。七歳の息子は二～三歩歩いたところで、よろけて倒れた。あのとき僕たちがいなかったら、あの子は永遠に倒れたままだったかもな。

なにしろフル装備だから、ひとりではとても起き上がれなかったと思うよ」

「ホッケーといえば、僕も学校の前の湖でよくやったなあ」と〈1分間マネジャー〉は懐かしんだ。「放課後になると、湖に積もった雪をかいた。雪かきが終わって、やっとホッケーができると思ったら、母親が『ごはんよ!』と呼びに来るんだ。その晩にまた雪が降れば、次の日も雪かきから始めなくちゃいけない。雪かきが完了したら、今度は〝リンク〟の両端に石を置いてゴールにする。キーパーがプロテクターなんか着けていたら、みんなに弱虫呼ばわりされただろうね」

「今の子供たちはユニフォームに着替えたら、迎えの車に乗って試合に行く。歩いて行けとは言われない。試合会場に着くと、きれいに整備されたグラウンドが待っていて、グラウンドの横に設置された屋台ではパパやママが汗だくになりながらハンバーガーやホットドックを焼いている。子供にひもじい思いをさせるのはしのびないからね」

「スタンドには、立派なスコアブックを持った親が応援に来ていて、戦況をいちいち記録している。我が子が三塁線にいい当たりを打ったが、三塁手のファインプレイでアウトになったりすると、どう記録していいのか頭を抱えているよ。まるで大リーグのスコアラーだ」

「グラウンドの隅にはスコアボードを担当する子供がいて、滝のような汗を流しながら、スコアボードに数字を入れている。昔の子供は木の枝を拾ってきて、地面にスコアを書いていた。得点を書き入れると、相手チームの悪ガキが来て『その回は0点じゃないか』とか言いながら、足でもみ消すんだ。そいつをどかしてから、また数字を入れたりしていたよ」

「きわめつけは……」と〈1分間マネジャー〉は続けた。「今の子供たちは試合に負けても、相手チームに負け惜しみを言う時間さえない。試合が終わったら、アイスクリームショップに直行する段取りになっているからね。土曜の午後のアイスクリームショップをのぞいたことはあるかい？　野球少年でいっぱいだよ。未来の大リーガーたちが大声でアイスクリームを注文している」

「僕たちの世代は、子供から〝次の対応〟をことごとく奪ってきた。親がサルの世話を代わってやるから、子供の責任感が育たない。自分が味わった苦労を子供にさせたくないと思うのは親心だけど、自分が味わった楽しみを子供に教えてやるのを忘れている。だから今の子供は、大人がお膳立てをしてやらないと何をしていいのか分からないんだ」と〈1分間マネジャー〉は言った。

「僕が子供のときは〝ひま〟という言葉を口にしたとたん、母親にお尻を叩かれて『少しはひまつぶしになった?』と言われたよ。そうでなければ『ちょうど良かった。ガレージの掃除をしなさい』と用事を言いつけられた。おかげで退屈知らずだったね」

13

希望の光

〈1分間マネジャー〉の話や彼が推薦するセミナーで学んだのは、余計な世話を焼くと人をダメにしてしまうという現実だ。世話を焼かれた相手は自信を失い、焼いたほうは自分のサルにかまう余裕がなくなる。

私のオフィスに集まった（私と部下の）サルたちは満足なケアを受けられず、大半が衰弱していた。私は部下のサルの頭をなでながら「心配するな。すぐに飼い主のところに返してやるから」とつぶやいた。そして、自分のサルには「おまえたちのことも、かまってやるからな」と話しかけた。

希望の光を感じた私は壁のポスターに目をやった。数年前に妻がくれたポスターだ。木の下に座るアイザック・ニュートンの頭に、落ちてきたりんごが当たっている図。そこには、こんなメッセージが添えてあった――。

経験とは自分の身に起きたことではない。
自分の身に起きたことにどう対処したかを言うのだ。

14

運命の月曜日――サルの返却を決行

〈1分間マネジャー〉と会った金曜日、オフィスに戻った私は明るい未来が急に開けたような気がした。同時に、これから勉強していくこともたくさんあると感じた。

とりあえず、その日は早めに退社し、久しぶりに家族とゆっくり週末を過ごした。教会の牧師は礼拝にやって来た私を見て驚きを隠せないようすだった。私にとっての日曜日は、春先の復活祭の日曜日だけだと思っていたらしい。だから毎年、牧師は復活祭の礼拝で私を見かけると「今から言っておきますね。

メリークリスマス！」と声をかけた。

週明けの月曜日、私はいつものように出社した。それで〝例のサルたちはどうなった？〟とみなさんは思うだろう。

結論から言えば、ほとんど進展はなかった。というのも第一に、サルたちをどう扱っていいのかまだ分からなかったから。第二に、週の前半はスケジュール調整に追われていたからだ。それは〈1分間マネジャー〉が勧めるセミナーに参加するためである。

そして参加した！『管理職の時間管理』と題したセミナーは〈1分間マネジャー〉が言ったとおり、目からウロコの連続だった。

何よりも気に入ったのは講義の内容を即実践できること。おかげで次の月曜日が待ち遠しかった。すべてのサルを収めるところに収めたのは、その月曜だ。その日は私にとっても、部下にとっても〝忘れることのできない一日〟になったと思う。

その朝、私は車を走らせながら、期待に胸を躍らせていた。いよいよ作戦実行だ。預かりっぱなしのサルを早く飼い主のもとに返したい！

あいにく渋滞につかまってしまい、オフィスに到着するのが十分ばかり遅れた。オフィスの前には、すでに部下たちが列をつくっていた。いつものように私に預けたサルのようすをチェックしに来たのだ。

部下の列を縫うようにしてオフィスに入ろうとしたそのとき、空気が変わったのが分かった。私はこれから何が始まるのか知っていたが、部下たちは上司の笑顔に仰天して、何が始まるのかと不安に思ったことだろう。月曜の朝に私が笑顔を見せたことなど一度もなかった。そんな上司の変わりようを目の当たりにして、部下たちは一斉にゲップした（急激な変化は人を緊張させる！）。

笑顔の理由は、部下の顔がこれまでと一八〇度、違って見えたからだ。**悩みの種**にしか見えなかった一人ひとりの顔が、その朝は**解決の糸口**に見えたのである。そして、一人ひとりの肩はサルの特等席に見えた。

秘書のバレリーは、私がいつもの習慣を忘れるところを目の当たりにした。オフィスのドアを閉め忘れたのだ。今度は**秘書が**ゲップした（私が無言のまま全員をゲップさせたことに注目！）。

私が最初の面会人は誰かと尋ねると、バレリーは耳を疑ったようだ。「本当にお会いになるんですか？」と確認するので、私は「これほど人に会いたいと思うのは生まれて初めてだよ。一人目は誰かな？」と返した。

ここからが本番だ。私はセミナーで教わった手順に従って、自己改革の第一歩を踏み出した――サルの返却である。午前中いっぱいかけて部下一人ひとりと面談し、ほぼ同じ手順で全員にサルを返した。まずは部署の仕事を滞らせたことを謝罪し、同じ間違いは二度と繰り返さないと約束したのだ。

15

〝つかまる上司〟に変身

そして、最後は預かっていたサルを部下にしっかりと背負わせ、晴れやかな気持ちでオフィスから送り出した。どのサルも飼い主の背中にしがみついている！　その日の夕方は、部下から浴びてきた質問を部下に浴びせて回った――「例の件、どうなってる？」（これを管理職の〝職務充実〟と言う！）

最後の一人を送り出してから、私はオフィスで、ひとり物思いにふけった。何よりも新鮮なのはオフィスのドアが開いていること。開けておいても、人もサルも入って来ない。プライバシーと開放性の一挙両得である！

こんな状況は久しぶりだ。私は部下にかまう暇はあるが、部下は私にかまう暇はない。私は貴重な教訓を得た——。

部下のサルを排除すれば、部下のために時間を使える。

そして、この教訓をつくづく味わう出来事があった。それは部下のサルを一掃した日から数日後のことだ。

私はオフィスのドアを開けっ放しにしたまま、デスクの上に足を投げ出し、考えごとをしていた。どうしたら部下が自分の仕事に専念できるのか、その環境づくりを考えていたのである（これが私の本来の務めだ。部下のために仕事をするのであって、部下の仕事をするのではない！）。

一方の部下たちはそれぞれのサルに取り組んでおり、ここ数日は顔を見せていない。正直言って、さみしかった！　もう私は必要とされないのか……。ちょうどそこへエリックが訪ねて来た。トラブルが発生し、やむなく相談に来たのだ。

オフィスのドアは開いていた。だが、エリックが立っている位置からは私の姿は見えない。私は今まで在室中にドアを開けておくことはなかったから、エリックは私が留守にしていると勘違いしたのだろう。秘書に私の帰社予定を尋ねると、「中にいらっしゃいますよ」との返事。驚いたエリックは口ごもりながら「えっ、あの……では、いつ会っていただけるでしょうか」

そこで秘書は答えた。「どうぞ、お入りください。お暇なようですから。さっきからただ座っているだけなんです！」

オフィスに入ってきたエリックを見て、私は人恋しさでいっぱいになった。だからエリックを温かく迎えた。「さあ入って。座ってよ。よく来てくれたね。

コーヒーでもどう？　ああ、まずは挨拶からかな。奥さんやお子さんは元気？」

緊急の相談でやって来たエリックにとって、私ののんきな歓迎の挨拶は時間のロスとしか思えなかったようだ。エリックは首を横に振りながら言い放った。

「そんなムダ話をしている暇はありません！」

この瞬間、部下と私の立場が逆転したことを実感した！

エリックに限らず、誰にでも経験があると思うが、つかまらない上司ほどイラつくものはない。だから私は部下以上に時間のゆとりをもつように心がけている。

私のほうがゆとりをもつには、部下が私にあてる時間よりも、私が部下にあてる時間を増やさなくてはいけない。そこで私は部下と接するたびに、どちらが時間に追われているかを真っ先にチェックする。余裕がないのが部下のほうなら、それは部下が自主的に仕事を進めている証拠だ。

おかげで私は歴代上司のなかで〝いちばんつかまえやすい上司〟と言われる

ようになった。部下が望めば（実際には、あまり望まれないが）、いつでも、いつまでも相談に乗ることにしている。以前の私とはえらい違いだ。

16

オンケン流サル管理の心得

部下たちも、あの月曜日にサルを返してもらったことで自主的に仕事を進められるようになった。**私が**動くまでヤキモキしながら待つ必要はもうない。そして私は部下を待たせる罪悪感から解放された。サルを一手に引き受けていたころとは違って、現場にブレーキをかけることもなくなった。

私はものの数時間で〝いなくては困る〟上司（＝自分が動かなければ現場の動きも止めてしまう上司）から、〝いなくてもいい〟上司になった。

私自身の経験から言っても、いなくては困る上司というのは組織にとって危険因子なので、簡単に代えられる傾向にある。その点、いなくてもいい上司はいなくなっても惜しまれることはないが、惜しまれずにいなくなる上司はめったにいないので、代えがきかない。

何が言いたいのか。

可能な範囲で部下にサルを任せれば、部下はそのぶんだけ自分たちで現場を仕切れる。

そして部下が現場を仕切ってくれれば、管理職は部署の運営、改革、人事などの本来の職務に専念できるから、部署全体がいつまでもスムーズに機能する。

それでは、ここまでの要点を整理してみたい。月曜日の時点で私が実行したのは、**オンケン流サル管理の心得**にのっとってサルを返したことだ。その心得を詳しく説明しよう！

オンケン流サル管理の心得

上司と部下は次の四点を決定するまで話し合いを切り上げてはいけない。

第一条　サルの特定

〝次の対応〟を具体的に決める。

第二条　サルの世話係

〝次の対応〟の担当者を決める。

第三条　サルの保険

万一のリスクに備える。

第四条　サルの定期健診

進捗報告会の日時と場所を決める。

サル管理の心得の狙いは、何を、誰が、いつまでに、どのように実行するのかを確定すること。問題の解決を話し合うためのミーティングに出席したことがある人なら、この心得の重要性が分かるはずだ。この類のミーティングは〝次の対応〟も責任者も期限も決まらないまま終わってしまうことが多い。

〝次の対応〟が決まらないと、当然ながら対応のしようがない。責任者が決まらないと、その案件は連帯責任（＝無責任）になり、たなざらしになる可能性が高くなる。かりに〝次の対応〟と責任者が決まったとしても、期限を設定しなかったら先延ばしになるのは必至だ。誰もが目の前の仕事に手一杯だから、あとに回せる仕事に手をつけようとはしないだろう。

サル管理の心得は、生かす価値のあるサルにだけ適用しよう。一部のサルにその価値はない。そういうサルはかつての英国のお役所仕事に似ている。英国には、ドーバー海峡を見下ろす断崖に立ち、ナポレオンの艦隊が近づくと鐘を鳴らして合図する役人がいた。その任務は一九四八年まで延々と続いたという。

常に自問しよう――何のために、これをやっているのか。はっきりした答えが出ないなら、そのサルは抹殺したほうがいい。そうすれば、そもそもやる必要がないことをうまくやる必要はなくなる。

17

第一条　サルを特定する

サル管理の心得を理解、実践するために、サルの定義を今一度確認しておきたい。繰り返すが、サルとはプロジェクトやトラブルそのものではない。プロジェクトやトラブルに伴う〝次の対応〟を指す。

第一条は、**上司と部下は〝次の対応〟を決めるまで話し合いを切り上げてはいけない**としている。〝次の対応〟とは、例えば〝最終コストの計算〟〝プレゼンの準備〟〝案件の再検討〟〝企画書の提出〟〝契約の締結〟などだ。

第一条を守るメリットは主に三つある。

一つは〝次の対応〟が決まるまで話し合いが終わらないことが分かっていれば、**部下も自分なりの考えを準備してから話し合いに臨むようになる**。

かなり昔の話だが、私は上司に同じことを指摘された。そのとき私は現場の問題を挙げ連ねたすえに、上司の指示を仰ごうとした。すると上司は「つまり、どうしていいのか分からないわけ？」と聞き返した。私が「そのとおりです」と答えると、こう言った。「さて、私にも分からないわ。これで分からない人間が二人になった。我が社はそんな人間を二人も雇っている余裕がないの！」

それは上司独特のさとし方だった。相談や提案があるなら〝次の対応〟もしっかり考えてから来なさいと言いたかったのだ。部下がそう心がけてくれれば、社内の廊下で急な判断を迫られることもなくなるだろう。

ふたつ目のメリットは、**あらゆる局面が部下の主導でスムーズに進展すること**。たいていの局面は途中で失速してしまい、誰かが〝次の対応〟を取るまで進展しないものだ。

例えば、トラブルの発生時やプロジェクトが始動した時点では最善の解決策も潜在的なリスクも、まだはっきりとは見えない。だから（とくに不透明な要素が多い場合は）上司は大事を取って、自らサルを引き受けようとする――「少し考えさせてくれ。すぐに返事をするから」と。

しかし、ここから現場もプロジェクトも足止めをくらってしまう。上司が返事をするまで何もできないからだ。

その点、両者のあいだで〝次の対応〟が具体的に決まっていれば、部下は次の段階に安心して進める。自分なりに課題を研究、検討することもできるし、現時点での情報をもとにして提案書を作成することも可能だ。

これで現場は、上司の返事を待たなくても仕事を進められる。

三つ目にして最大と思われるメリットは、〝次の対応〟を決めることで**サルの担当者のモチベーションが飛躍的に上がる**。

第一に、〝次の対応〟が決まると**目的意識**が明確になり、意欲と集中力が違ってくる（その反対に、何から手をつけていいのかよく分からないと、動くのがおっくうになるものだ）。

第二に、**最初の一歩**を踏み出しやすくなる。何事も始めるまでがいちばん難しいが、一歩目が出れば、あとは比較的スムーズにいくものだ。

第三に、〝次の対応〟を決めることによって大きなプロジェクトを**小さなステップ**に分割できる。完成までの道のりを思うと気が遠くなるが、〝次の対応〟（電話で問い合わせる、など）を考えるぶんにはさほどではない。

第四に、〝次の対応〟が決まっているとモチベーションを保ちやすい。最終目標と小さなステップのあいだで**気持ちを交互に切り替えられる**からだ。最終目標（プロジェクトの完成）が遠く感じられるときは小さなステップ（電話で問い合わせる）に意識を向ければいいし、小さなステップでは士気が上がらないなら、最終目標をクリアしたときの達成感を想像すればいいのである。

第一条の応用編については私自身の経験を踏まえて説明しよう。まずはサルの定義を思い出してもらいたい。**サルとは〝次の対応〟である**という文言は、誰がサルを世話するかについて一言も触れていない。ということは**プロジェクトの責任者とサルの担当者は別でもいいわけだ**。

私はこの解釈にのっとって、私個人のプロジェクトの〝次の対応〟を部下に相談することがよくある。相談を受けた部下は〝次の対応〟として、私のプロジェクトの〝次の対応〟を一緒に考えてくれるから、〝次の対応〟の質が上がる（三人寄れば文殊の知恵と言う。実際には二人分の知恵しか集まらないとしても！）。

また、部下のスキルを伸ばし、上司の取り組みを知らせることもできる。さらには後継者の育成につながるのだ（昇進したければ、後継者問題を侮ってはいけない）。

第一条を応用できる場面はほかにもある。部下の相談に乗っている途中で時間切れになり、問題の特定も〝次の対応〟も決まらないまま話を切り上げなくてはいけないときだ。

その場合、〝次の対応〟はサルの預け先を決めること。すなわち、話し合いを再開するまで、この案件を保留しなくてはいけない。そこで私はこう提案する。「この件については一両日中に改めて話そう。それまで君が預かってくれないか。なにか名案が思いつくかもしれないからね……いや、きっと思いつくはずだ！」

その一両日中に私がサルに着手する可能性は限りなくゼロに近い。部下も同じようなものかもしれないが、それでも私のカバンに入れておくよりは部下のカバンに入れておくほうがましだ。なぜかと言えば、カバンの中は一様に暗いので、サルは誰のカバンに入れられたのか分からないし、気にもしないからだ。

それに、部下に預けるほうが**少しは**進展が望める。その**少し**がミクロ単位だとしてもゼロよりはいいだろう。私が預かったら、進展する可能性は完全にゼロだ！

かりに、その進展が間違った方向に行ってしまったとしても無駄にはならない。物事が間違った方向に進むパターンは限られている。そのひとつを排除できるのだから、もうけものだ！

第一条の実用例をもうひとつ紹介しよう。

例えば、ある案件について部下と話し合った結果、企画書を提出させることになった。〝次の対応〟（企画書の提出）は部下の役目だ。こちらは思わず笑顔になる。

しかし、笑っていられるのもつかの間、デスクの上に九ページの企画書が置いてあるのを見た瞬間に笑顔は消える。今度はこちらが〝次の対応〟にあたる番だ。企画書に目を通し、検討し、判断し、返事をしなくてはいけない。この時点で上司はサルの世話係、部下は監督になる。

この例から分かるように、サル管理ではチェスや将棋と同じように数手先まで読んでおくと有利だ。

私は先手を打って、提出物関連のサルにかける手間を省くことに成功した。企画書などを部下に提出させるとき、デスクの上に置くのではなく**持参させる**ことにしたのだ。

その狙いは、企画書を持って来た本人に、その内容を読み上げてもらうことにある（「読み上げるよりも口頭で説明するほうが三倍速いと思います」と言われることもある。そんなときは三分の一の時間で用が足りる！）。

読み上げるにしろ、口頭で説明するにしろ、部下が企画を発表しているあいだ、私は考えたり、相手の表情を観察したり、質問したりできる。そのほうがひとりで企画書に目を通すよりも早く正確に内容を把握できる。文字の羅列である企画書には誤字も脱字もあるからだ。

それに、貴重な情報は文面よりも行間に隠れている。その情報にいちばん詳しい本人が目の前にいるのだから、どんな疑問もその場で聞くことができるわけだ。

18

第二条　サルの担当者を決める

第一条を応用できる場面はほかにもあるが、だいたいの要領は分かってもらえたと思う。それではサル管理の二番目の心得に進もう。こちらはサルの世話係に関する項目だ。

第二条は、**上司と部下は各サルの担当者を決めるまで話し合いを終えてはいけない**としている。この心得は普遍の真理にもとづいている。それは〝人間は他人のモノより自分のモノを大切にする〟という真理だ。第一、サルの担当者を決めなかったら、連帯責任は無責任という結果になりかねない。

サルの健康と幸せを考えれば、一匹ごとに世話係をつけるのは当然だろう。

そこで部下と話し合うときは、すべてのサルの担当者を決定してから解散することにしている。

しかし、誰にどのサルを任せたらいいのか。私の結論は――。

サルに善処するには現場の人間に託すのがいちばんである!

サルの世話を現場に任せると言うと、責任の放棄や押しつけに聞こえるかもしれないが、決してそうではない。ちゃんとした理由がある。

第一に、現場のほうが時間も人手も融通できるし、たいていは私よりもサルの扱いを心得ている(自分のほうが心得ていると思っている管理職は**誇大妄想**

の疑いがある）。

第二に、部下のほうが現場の実務に詳しいから、サルを適切に扱える。

第三に、部下のサルをオフィスから締め出すことで、管理職にとって何よりも貴重な〝自由活動の時間〟が確保できる。

私は〝路線変更〟して以来、私に**しか**扱えないサル**だけ**を引き受けることにして、あとは部下に任せている。とはいえ、部下が引き受けられるサルの数にも限度があるから、手に余るときは遠慮なく私に預けるように声をかけている（ただし、なんらかの解決案を提示することが条件）。

しかし、今までの経験から言うと、部下は私が思う以上にやれるものだし、ときには自分が思う以上にできるものだ！

そう言われても、サルを下の者に託すのは〝言うは易し、行うは難し〟の印象だろう。その気持ちは分かる。サルの世話を引き受けずにはいられなかったひとりとして、誰よりも分かるつもりだ。

人に押しつけられるにせよ、自分で拾ってくるにせよ、サルはすさまじい勢いで集まってくる。

今では、サルが管理職のもとに自然と集まる理由が分かるようになった。私の場合は、自分からサルを必要としていた。その必要性が、まるで木に実ったバナナのごとく、サルをおびき寄せていたのだ。

というのも、当時の私は管理職の仕事よりも部下の仕事を代行しているほうが楽しかった。つい最近まで現場にいたから、現場の仕事は手慣れているし、得意でもあった（だから管理職に昇進できた！）。つまり部下の仕事を引き受けることは、慣れないマネジメント業務に四苦八苦していた私にとって息抜きであり（この現象は〝管理職うさ晴らし症候群〟とも言われる）、部下に〝熟練の技〟を伝えるいい機会だと思っていた。

しかし、当時の私なら、サルが寄ってくる理由を知っていたとしても認めようとはしなかっただろう。部下のサルを引き受ける自分を、なんだかんだと理屈をつけては正当化していたのだから（要するに、立派な言い訳、都合のいい理由をこじつけて余計な世話を焼いていた）。

みなさんも、こんなセリフを聞いたことはないだろうか——「きちんとやるなら自分でやらなきゃだめだ」「近頃の若いやつは、あてにならない」「これは重要な案件だから部下に任せるわけにはいかない」「上の人間は私にやらせたいと考えている」

「現場から手を引くわけにはいかない」「人に頼むよりも自分でやるほうが早い」「いやな仕事を部下に押しつけるのはしのびない」などなど。

サルを本来の飼い主から引き離しているのは個人だけではない。組織ぐるみでそうしている場合も見受けられる。企業がサルの預け先を間違えるのは、例えば、自社製品の品質管理を生産現場から検査業者にゆだねるときだ。その結果、出来上がった製品は優良品にはほど遠かったりする。

こうした個人の事情、組織の事情を考えると、サルを本来の飼い主のもとにとどめておくには技術と〝心を鬼にする〟ことが必要だ。とくに後者は大切である。これが欠けると、せっかくの技術も宝の持ち腐れになってしまう。

とくに心を鬼にしなくてはいけないのが、部下に対する**思い込み**を改めるときだ。

部下に最善を求めることはハードワークを強いることにつながるので、反発を招くことがある。しかし、最善を要求しなければ、部下は表立っては反発しない。だから、**一見すると**、部下は最善を尽くすのを好まないように思える。

そんな固定観念があると、サルを本来の飼い主のもとにとどめておくのは難しい。ただでさえ、部下に任せるよりも自分で引き受けるほうがラクなケースもあるのだから。しかし、早まってはいけない。その思い込みは思い込みでしかなく、事実と違うことは、歴代の名管理職や名指導者を見れば分かることだ。

のちのち感謝されるリーダーというのは、たとえ反発されても、相手にベストを尽くさせる。相手の力を最大限に引き出すことができれば、いずれは尊敬され、慕われることを知っているからだ。

その証拠に、自分の学生時代を振り返ってみるといい。思い出に残っている先生は、どんな先生だろう。私の場合、いちばん記憶に残っているのは生徒に厳しかった先生だ。その先生には限界までしごかれた。そのしごきに私は反発した！　ときには先生を憎んだ（死んでくれたらと思うことも一度や二度ではなかった！）。しかし、それでもしごきに耐えられたのは、先生が本気で私のためを思っていることを心の底で分かっていたからだ。

今では、その先生に感謝している。ほかの先生のことは顔も思い出せない。思い出せないばかりか〝よくも甘やかしてくれたな〟と逆恨みしたくなる。

私は自分にも最善を求めるし、部下にも同じことを要求する。部下をとことん鍛えようとすると、いまだに反発される。そんなときは部下の文句を聞きながら、学生時代の恩師や尊敬する管理職の先輩方を思い浮かべる。そして思い出すのは、ある農夫のエピソードだ。

農夫は隣人から「たかがトウモロコシを栽培するのに、そこまで息子をしごく必要はあるのか」と尋ねられて、こう答えた。「俺はトウモロコシだけを育てているんじゃない！　息子も育てているんだ！」

肝に銘じておこう——。

責任感を育てるには責任を与えるしかない。

これで**心を鬼にする**意味が分かってもらえたと思う。今度は私自身の体験を踏まえながら、サルを飼い主のもとにとどめておくための**技術**について話そう。

私がサル管理の心得を知らなかったころ、部下のゴードンは文字どおり〝サルの生産工場〟だった。廊下で、社員食堂で、エレベーターの中で、駐車場で私と出くわすたびに、「現場で問題が起きました」と言ってくる。

それまで私は当たりまえのように問題とやらを引き受けていたが、その大半は、じつはゴードン自身のサルだった。その後、私は**サルよけ作戦**を立て、ゴードンのサルから手を引くことに成功した。

作戦を開始するのは「現場で」という言葉を聞いた瞬間である。「現場で問題が起きました」と言われて思い浮かぶのは、ゴードンの肩に右足を、私の肩に左足を乗せて開脚立ちするサルの姿だ。じつに危なっかしいポーズではないか。そのサルが腰痛持ちだったら、こっちに倒れ込んでくるかもしれない！

そんなとき私はすかさず熱弁をふるう。

「**現場で**問題は起きない。これからも起きない。問題が起きたのは確かだろうが、それは**現場**の問題ではないし、君の問題とも、僕の問題とも限らない。まずは**現場**と言うのをやめて、誰の問題なのかはっきりさせなさい。その結果、私の問題だと分かったら、そのときは相談に乗ってほしい。君の問題だと分かったら、そのときは私も相談に乗ろう。ただし条件がある。私が相談に乗ったからといって、君の問題が私の問題になっては困る。なぜなら、君の問題が私の問題になったとたん、君には問題がなくなってしまう。いくら私でも、問題のない人間の問題を解決することはできないからね！」

こんな熱弁につき合わされた相手は、相談しなけりゃよかったと後悔するだろう。ゴードンも私の訓示を聞かされるくらいなら、自分で解決するほうがましだと思ったに違いない。しかし、私は熱弁をふるったあと、ゴードンと一緒に問題について話し合い、〝次の対応〟を数手先まで決める。対応はできるだけゴードンに任せ、私は必要最小限だけを引き受けるようにする。

こうしたやりとりを繰り返すうちに〝サルの生産工場〟だったゴードンも、サルの世話係はひとりで充分であること、世話係を決めるのは自分の仕事であること、決めるまでは**自分が**サルを預かることを学んだ。私が世話係の選任を引き受ければ、サルも一緒に引き受けなければいけないが、ゴードンに決めさせれば、サルが〝開脚立ち〟をすることはない。サルは、世話係が正式に決まるまでゴードンの肩にとどまっていてくれる。

私が世話係に任命されたら謹んで受けるが、ゴードン自身が世話係になったときは何もする必要がない。サルはもともとゴードンの肩にいるのだ！　おかげで最近は「現場で問題が起きました」というフレーズを聞くこともほとんどなくなった。

別の例を紹介しよう。それは、たまたま言葉に詰まったのが幸いし、サルを飼い主のもとにとどめる技術を習得した体験だ。

事の発端は部下のリーサの報告だった。

「**私**、トラブルを起こしました」とリーサが言うので、「トラブル？　もっと前向きに行こうよ。この世にトラブルなんて存在しない。すべてはチャンスだ！」と応じたところ、

「だったら、特大のチャンスを起こしてしまいました」とリーサは言い直した。
私はひとしきり笑ったあと、「で、どういうトラブル？」と尋ねた。

リーサは事情を説明したきり、解決案を示そうとしない。黙って突っ立っているだけだ。おそらく私の指示を待っていたのだろう。サル管理の初心者だった私は言葉が見つからず、即答できなかった。だから、その場に立ちつくした

まま考え込んでしまった。

沈黙は続いた。さすがに気まずくなってきた。そのとき、リーサが何を考えたのかは知るよしもないが、彼女は突然、沈黙を破った。「この件をもう少し考えさせてください。きっとアイデアが浮かぶと思いますから」

気まずい沈黙のおかげでリーサは自分でサルを特定し、世話を引き受け、そそくさと退散した！

この技術は、偶然の産物ではあるが、今もいろいろな場面で重宝している。また、この技術にはさまざまなバリエーションがあることも知った。サルをつかんでそそくさと退散してもらうには、コーヒーを勧めて尿意を催させる、会議を長びかすのも有効のようだ。

そういえば、かつて読んだ記事のなかに、ある著名人が部下のサルに対処した経緯が書いてあった。

その部下は毎度いいかげんな報告書を提出してきたという。しかも、普通に注意したのでは懲りる気配がない。そこで著名人は荒療治を試みた。提出された報告書にメモを付けて突き返したのだ。そのメモには〝君の実力はこんなもんじゃない！〟と書いた。

部下は報告書を書き直して再び提出したが、やっぱりメモ付きで戻ってきた——〝これでベストを尽くしたつもりか？〟。

部下はもう一度、報告書を書き直した。今度は著名人のところに直接持参して、「もうこれ以上のものは書けません」と言って渡した。すると著名人はこう答えたそうだ。「よろしい。それでは読ませてもらおう」

19

第三条　サルに保険をかける

第二条の説明はこのくらいにしよう。担当者が無事に決まったところで、次はかわいいサルたちを保険に入れてやる番だ。保険に入れてやれば、企業組織という危険なジャングルに安心して送り出すことができる。

サル管理の第三条は、**上司と部下はすべてのサルに保険をかけるまで話し合いを切り上げてはいけない**としている。その狙いは、部下の自由裁量と上司の結果責任とをうまく兼ね合わせることだ。

部下の裁量に任せることは部下と上司の双方にメリットがある。上司にとっては自分の仕事に専念する時間が増える。部下が現場を仕切ってくれれば、上司の手間は省けるからだ。部下のほうも現場を任せてもらうことで、多くのメリット（達成感、集中力、士気が上がるなど）にあやかれる。

だがメリットにはデメリットがつきものだ。部下の裁量に任せるデメリットは自己判断に伴うリスクを増やしてしまうこと。自己判断は判断ミスを生む。サル保険は、そのミスを**取り返しのつかないミスにしない**ための保障だ！　だから、どのサルもどちらかの保険でカバーしなければいけない。

サル保険

Aタイプ　上司の承認を得てから着手する

Bタイプ　着手してから上司に報告する

Aタイプは、ハイリスクを回避するための保険だ。担当者ひとりに任せていると、取り返しのつかない事態になりかねない場合に役立つ。その場合、私としては担当者が〝社屋を全焼させる〟前に火種を始末しておきたい――つまり、部下が行動を起こす前にダメ出しできる機会が欲しい。

このように手厚い保障が必要なときは、たいてい重要案件が絡んでいる。部下がへまをやらかせば、部下をクビにする前に私のクビが飛んでしまうような案件だ。それほどリスクのある案件を任せるときは、あらかじめ担当者に計画書を提出させ、**私の承認を得てから**実行に移すように命じている。これで保障は整うが、その代わり、私の時間と現場の裁量が犠牲になる。

Bタイプは、部下に安心して任せられるサルにかける保険だ。部下は自由に段取りを決め、折を見て私に事後報告すればいい。この保険の美点は、部下にとっては自由裁量が増え、私にとっては現場を監督する手間が省けること。

難点は、部下が社屋を全焼させるようなまねをしても、私には報告を受けるまで知るよしがないことだ。報告を受けたときにはすでに手遅れで、焼け跡に放水するのがせいぜいかもしれない。

どちらの保険を誰が選べばいいのか。選んだ保険を最終的に**承認する**のは管理職である私の務めだが、**選ぶ**だけなら、状況しだいで、部下でも私でもかまわない。私が自ら選ぶときは、たいていAタイプの手厚い保障が必要なときだ。Aタイプを選ぶと、現場の裁量は制限されるから、部下から不満の声が上がることもある。しかし、致命的なミスが起きかねない状況で、現場に仕事を丸投げしておいてBタイプの保険で良しとするのは、管理職として無責任だろう。

むろん部下のやることに私がいちいち保険を設定するのは不可能だし、好ましくない。そこで、保険の大部分は部下が責任をもって（リスクを負って！）決めている（ただし、最終的に私の承認を得ることが絶対条件）。

Bタイプにするのは、各自の判断で仕事を進め、上司には事後報告だけでオーケーと確信できる場合だけだ。それ以外は（つまりAタイプが必要なときは）、事前に計画書を提出し、その内容について上司と検討してから仕事に着手する。私が部下の選んだ保険に不安をおぼえたときは、上司の権限でいつでも変更できるようにした。私の狙いは――。

できるだけ現場から手を引き、必要なときだけ現場に口を出す。

それを徹底するために、できるだけBタイプを**推奨**し、必要なときだけAタイプを**指示**するように心がけている。

保険選びには柔軟性が必要だ。一匹のサルを扱うにも、ある時点まではBタイプ、それ以降はAタイプが必要になることもある。状況が変われば、保険も変えなくてはいけない。保険の変更は部下が率先して行うときもあるし、私が判断することもある。実例をいくつか挙げよう。

最初は元部下のアレックスのケースだ。アレックスの独断専行ぶりは目に余るほどだった。サルにかける保険はいつもBタイプで、私への報告はほとんどなし。もっと頻繁に報告するように注意しても、聞く耳をもたなかった。

ある日、アレックスの抱えるプロジェクトで大きなトラブルが発生した。私の上司は私よりも先にその事実を突き止め、私を呼び出して不快感をあらわにした。私はその足でアレックスのところに行き、同じように不快感をあらわにした――君が報告を上げないから、こっちは上司の前で大恥をかいたと。私は怒り心頭だった。「報告を上げろという指示さえ、君は守ろうとしない。だが、もう勝手なまねはさせないぞ！　これからは私の指示を仰ぐまで、プロジェクトに手を出すな！」

言いすぎたかもしれないが、それだけアレックスの暴走は度を超えており、私はついにぶち切れてしまった。腹の虫をおさめ、安らかな気持ちでベッドに入るためには、アレックスが選んだＢタイプの保険をＡタイプに変更するしかない。

アレックスは文句を言ったが、やがて反省し、私もプロジェクトも落ち着きを取り戻した。

以上は部下が裁量権を濫用した例だったが、次は私が裁量権を**与えすぎた**ケースだ。

マリアはあるプロジェクトの責任者だったが、自信がないようすで、いちいち私の指示を仰ぎに来た。Ａタイプの保険を選び、何をするにも私の承認を得ようとする。私としては、そこまで指示を出さなくても立派にやりとげてくれると思っていたので、これからは自分の判断で仕事を進めるように促した。

しかし、マリアがオフィスを出て行ったあと、少し心配になった――本人があれだけ不安に思っているなら、私も不安に思うべきではないのか。何か重要なことを見落としていないか。私はマリアを呼び戻し、いちばんの不安要素とそれが現実になる確率を尋ねてみた。マリアの返事を聞いたときは心臓が止まるかと思った！　膝はガクガクし、冷や汗が噴き出し、手が震えた。

頭の中が真っ白になった！　二年前の私だったら、マリアからサルを引き離し、自分の胸に抱きかかえ、自ら対応に乗り出しただろう。しかし、そのときは保険をAタイプに戻すことでリスクを回避することにした。私はマリアに言った。「考え直したんだが、やっぱり私の承認を得てから仕事を進めるようにしてくれないか」

マリアが出て行ったあと、私はへなへなと座り込んだ。心身ともにぐったりしたが、手遅れにならなくてよかったと胸をなでおろした。

それからプロジェクトは軌道に乗り、私とマリアはプロジェクトに対しても、お互いに対しても安心できるようになった。マリアはほとんどの作業にBタイプの保険をつけて、プロジェクトを進めた。

ところがその後、プロジェクトの重要性が増して、私の上司の監視も厳しくなった。ある日、私は上司に呼ばれた。プロジェクトの進捗状況を尋ねられたので「ほぼマリアに任せている」（Bタイプの保険）と答えた。

マリアには実績があるし、もっと大きく育ってほしかった。しかし上司は「得意先も絡んでいる重要なプロジェクトだから、あなたに指揮を執ってほしい」と言い出した。

反論しようとする私に上司は釘を刺した。それは、個人の裁量と組織の安全を両立させるための哲学だった。

「あなたがやろうとしていることは分かるわ。だけど、今回のプロジェクトでそれを試すのは危険すぎる。部下を育てる機会ならほかにもあるでしょう」

そして、こうつけ加えた。

「部署をうまく管理するために会社を犠牲にしてはいけない」

20

第四条　サルの健康診断を実施する

企業の業績とは〝次の対応〟の積み重ねだ。つまり、企業の命運はサルの健康状態にかかっていると言っても過言ではない。

それほど大事なサルだから、元気でいてもらうには定期的な健康診断が**欠かせない**。そこでサル管理の第四条は**上司と部下はサルの定期健診の日程を決めるまで話し合いを切り上げてはいけない**としている。

サルは急病にかかることがあるので、日ごろの体調チェックは重要だ。人間でも、健康管理を心得た人は、とくに悪いところはなくても定期的に検査を受け、病巣の早期発見、早期治療に努める。サルも同じだ。健診で悪いところが見つかれば、治療を検討しなくてはいけない。しかし、悪いところが見つからなければ、それは世話係の手柄だ。

つまり、サルの定期健診にはふたつの狙いがある。ひとつは世話係の日ごろの成果を評価すること。もうひとつは問題を発見し、手遅れになる前に手当てすることだ。この早期発見、早期治療によって上司の不安は和らぎ、部下のスキルはコーチングをとおして向上する。部下がスキルアップすれば、上司の不安はさらに和らぎ、将来は現場にサルを一任するのも夢ではなくなる。

だから私は、部下にサルを背負わせてオフィスから送り出すときに、必ず健診の日程を決める。**定期健診**の回数は少ないほうがいいので、できるだけ間隔を空けて予定を組む。ただし健診と健診のあいだに何らかのトラブルが生じて、サルの健康状態が心配なときは、部下からでも私からでも緊急の健診を実施することにしている。

サルはどういう病気にかかり、健診の予定はどういう場合に変更されるのか。実例を挙げながら説明しよう。

私は部署にときどき顔を出して、部下のようすをうかがうことにしている。一人ひとりに声をかけ、どんな仕事に取り組んでいるのか見て回っていると、顔色の悪いサルに気づくことがある（そういうサルは放置されて栄養失調に陥っているか、ケアが不適切なために体調を崩しているかのどちらかだ）。

サルの体調不良は部下の怠慢や不注意や虐待が原因ということは、まずない。部下たちはみな忙しいので仕事に優先順位をつけているが、体調不良を起こすサルはたいてい優先順位が低い。そういうサルがいるのに部下が報告しないのは、私に預けるよりも自分の手で何とかしたいと思うからだろう。**しかし、それがアダになることがある！**

例えば、部下のエリックは負けず嫌いの努力家で、自立心が旺盛だ。サルの具合が悪くなっても、私が介入する前に、自分の手でなんとか回復させようとする。

そういう独立独行の精神は度を超えなければ賞賛に値するが、エリックの場合は度を超えていた。

サルが腹痛を起こしても報告さえしない（まして協力を求めることもない）ので、サルはかわいそうに危篤状態に陥ってしまった。こうして私のオフィスは救命センターと化し、私はやりかけの仕事をすべて中断して、サルの蘇生に専念しなければいけなかった。サルの虫垂炎が腹膜炎にまで悪化したのは、ひとえに私への報告が遅れたからだ。

そんなとき、まだ修行の足りなかった私はエリックの前で怒りをあらわにした。サルの健康管理の重要性を長々と説教し、危機的状況を招いた責任をがみがみと追及したのだ。しかし最近は、それよりもはるかに建設的なやり方を二つおぼえた。おかげで今では危機的状況をほぼ回避できるし、私の懸念を部下に示すこともできる。

そのひとつが、私と部下のあいだでルールを決めて、それを徹底させること。サルが病気にかかったら、まずは現場ができるかぎりの手を尽くす。それでも症状が長引いたり、悪化したりして、サルが治療に反応しなくなったときは心肺停止に陥る**前に**、私のところに診せにくる。

例えば、エリックが手を尽くしてもサルが回復せず、次の定期健診までもちこたえられそうにないときは、エリックの一存で緊急の健康診断を実施する。

また、サルの病気を私が見つけた場合は、単純に定期健診を前倒しするまでだ。例えば、当初の予定では三週間後だった健診を二四時間後に変更する。これで、私がサルの健康状態に危機感をもっていることが明確に伝わる。

おもしろいのは、世話係がケアを怠ったためにサルの容態が悪化するとき――つまり、担当者が**やるべき**ことを**やりそびれた**ためにプロジェクトが暗礁に乗り上げてしまう場合だ。

その場合は私が健診を前倒しするのだが、担当者は「サルに何らかの手当てを施すまで待ってください」と言ってくることがある。何の手当てもしていないのに健診を実施したところで、検討するべき課題は何もないという理屈らしい。しかし、そこにこそ話し合うべき課題がある――何の手当てもしなかったという事実と、それが意味するところだ！

第一、何らかの手当てをするまで待ってやったら、何の手当てもしなかったことを肯定することになるし、状況は悪くなる一方である！　担当者がいつ手当てをするとも分からないのに、それを延々と待っていたら、問題のサルはそのあいだに餓死するか危篤状態に陥ってしまうだろう。

そこで私は「とにかく健康診断は実施する。〝やりそびれた手当て〟について話そう」と返答する。これで担当者は二者択一を迫られる――そのまま何の手当てもせず、翌日に「進展はありませんでした」と報告するのか。それとも、何らかの手当てをして「進展がありました」と報告するのか。

どちらがいいのかは明々白々。担当者はすぐさまサルの手当てに取りかかり、サルは奇跡的に回復する。そんな報告をさせても意味がないと思うかもしれないが、部下にとって戒めになることは間違いない。ともあれ、**私が**餓死寸前になっているのを発見し、**私が**健診を前倒ししたサルというのは、そもそも私が引き受けるべきサルではない。

以上はサルが病んだ場合の事例だったが、サルが元気でピンピンしているときでもトラブルが起きることはある。それは、サルが当初の想定とは違う方向に育ってしまう場合だ。

最近では、部下のベンが担当したプロジェクトがそうだった。ベンと私はそのプロジェクトについて事前に打ち合わせを行い、デザイン、予算、期限などの概要を決めた。**やるべきこと**はお互いに了解できたので、**やり方**はベンにほぼ任せることにした。

ところが、第一回目の健診で、デザインはまるきり変わってしまい、予算は大幅にオーバーすることが判明。私はとうてい受け入れられなかった。このようなトラブルが起きる原因はいろいろと考えられる――お互いの意向を誤解していた、状況が変化した、打ち合わせで決めたデザインよりもいいデザインを思いついたなどなど。

定期健診はこうした問題を早いうちにあぶりだしてくれる。早期発見は早期修正につながるので、修正にかかるコストも抑えられる。

最後に、健診の効果についてもうひとつ。

かつて私はサルの定期健診にまったくと言っていいほど乗り気でなかった。サルのチェックと部下のチェックとを区別できなかったからだ。サルをチェックするのは部下のあら探しをするようなものではないか、部下の力不足を指摘するだけではないかと思っていたのだ。

しかし時がたつにつれて、定期健診とは、部下ではなくサルの状態を確認するものだと分かるようになった。

健診は部下の成果を確認する機会、サルの体調不良を治す機会、部下を指導する機会、自分自身の不安を軽くする機会である。健診を実施するようになってから、部下たちは自分のプロジェクトを自分で管理するようになった（このようにサルを適切に管理すると、部下を管理する手間が省ける）。

これほど大事なサルの定期健診だから、上司も部下も大切にしなければいけない。まずは上司が大切にすれば、部下もそれに続くだろう。だから、私は健診の重要性を部下に示すために手間を惜しまない。

例えば、部下と相談して健診の日程を決めたら、その場でカレンダーに書き込むようにしている。**文字にすること**で、ただの口約束よりも正式になり、重要性が増すからだ。万が一、健診の時間に遅れそうなときは事前に連絡を入れる。そうすることで、健診だけではなく時間も大切にしていることが部下に伝わるはずだ。

こうした姿勢を見せることは、私が何を歓迎するのかを示すと同時に**何を歓迎しないのか**をほのめかすことにつながる。だから、部下が約束の時間を忘れたり、無断で遅刻したりすると黙ってはいない。約束の時間に遅れそうなときは必ず一報を入れるように少々しつこく注意する。今では、そんな説教をする必要もほとんどなくなった。

それでは、ここでサル管理の四カ条をおさらいしてみよう。

〈オンケン流サル管理の心得〉の要点

第一条　サルを特定する

上司と部下は〝次の対応〟を具体的に決めるまで、話し合いを切り上げてはいけない。

第二条　サルの担当者を決める

各サルに善処するには現場の人間に託すのがいちばんである。

第三条　サルに保険をかける

サルを部下に託すときは、どちらかの保険をかけなくてはいけない。

●Aタイプ　上司の承認を得てから着手する

●Bタイプ　着手してから上司に報告する

第四条　サルの健康診断を実施する

現状確認はサルの健康管理に不可欠。どのサルにも定期健診を受けさせる。

21

究極のマネジメント――サルの一任

ここまでは部下のサルをすべて引き受けていた私がサルを**託す**までになったいきさつをお伝えした。また、サル管理の四カ条をどのように実践してきたかについても説明した。

ここからは**サルを一任する**という最高難度のレベルに到達した経緯をお話ししようと思う。このレベルに達すると、現場の主導権は大幅に増え、管理職が介入する必要は大幅に減る。サルを**引き受ける**から**託す**までに数十キロの距離があるとすれば、サルを**託す**から**一任する**までには数万光年あると思ってほしい。

一任の意味（とその方法）を理解するには、**託す**との違いを理解するのが先決だ。両者を混同する人は多いが、この二つはマーク・トウェインの言葉を借りれば「蛍の光と稲光ほど違う」。この大きな違いこそ『管理職の時間管理』セミナーで学んだ金科玉条のひとつである。

託す対象は個々のサル、一任する対象はサルの群れ。

部下にサルを託していたころは、サルの担当者はほとんど私が決めていた。部下と一緒に〝次の対応〟を考えたら、部下の意見を採用するか自ら指示を出すかして、サルの担当者を任命。そして各サルに保険をかけ、定期健診の予定を組み、実施する。言ってみれば、サルを割り振るのは私で、サルに取り組むのは部下だった。

しかし、部下にサルを**一任する**ようになってから、部下はサルに取り組む一方でサルの割り振りも決めている。上司との共同作業をいまや一手にこなしているのだ。

部下たちは目の前のサルをケアしながら、新たなサルを特定し、担当者を決め、保険を選び、健康診断の予定を立て、実施している。つまりオンケン流サル管理の心得をそっくり実践しているのだ！

言い換えれば、自分たちでサルの群れ（プロジェクト全般）を管理している。私の役目はプロジェクトの全体の状況をときどきチェックする程度で、プロジェクトの個々の案件（サル）に口を挟む必要はない。サルを一匹ずつチェックすることに比べたら、はるかに短時間ですむ。

次回の定期健診まで、部下たちはそれぞれのプロジェクトを完全に仕切っている（ただし、トラブルが発生したときは私が介入する）。

言うなれば、**自己主導型のマネジメント**を実践しているのだ。そのほうが上司に仕切られるよりもいいに決まっている。私がサルを割り振っていたころはおもに上司主導型のマネジメントだった。

現場に主導権を渡すことが、なぜ究極のマネジメントなのか。そのわけを完全に理解するためにも、昔からよく言われるマネジメントの定義を思い出してみよう――**マネジメントとは人を使って仕事を達成することである**。

その定義に従えば、マネジメントの出来は仕事の達成率に、すなわち管理職のもとで現場がどれだけ結果を出すかに表れる。ほかの条件が同じなら、少ない労力で部下を大きく動かす管理職は効率がいいことになる。

振り返ってみれば、サルを**引き受ける**段階から**託す**段階へ、**託す**段階から**任せる**段階へとレベルアップするにつれて、私の労力は減り、現場の達成率は上がった。

自分一人で一から十までこなしていたときは労力と達成率は等しかった。一時間かけて達成できるのは一時間分の仕事だけ。悲しいかな、部署全体のパフォーマンスはたったひとりにかかっていた……私だ！

そんな私が〈1分間マネジャー〉の指南を受け、セミナーを受講してから、部下にサルを託すことをおぼえた。すると労力は同じでも達成率が違ってきた。一時間かけてサルを託すと、部下が数時間分の仕事を終わらせてくれる。私は多くを達成できたことに感激したが、それでも自分の労力の大きさ（当時はまだ個々のサルに時間を割いていた）に比べたら、現場の達成率はまだまだ低かった。

現場のパフォーマンスが伸び悩んだのは、部下が相変わらず私にかなりの時間を割いていたからであり、私が割り振るサルの数も限られていたからだ。

しかし、サルの管理を一任してから、現場のパフォーマンスは飛躍的にアップし、その反対に私の労力は劇的にダウンした。以前はサルを託すために諸々の段取りを踏まなくてはいけなかったが、現在はプロジェクトの進行状況をたまにチェックすればいい。

部下のパフォーマンスが飛躍的に向上した理由は二つある。ひとつは、私の指示を仰ぐ必要がなくなったこと。もうひとつは、上司にサルを押しつけられるよりも自ら引き受けることによって、仕事に対する集中力やモチベーションが上がったことだ。

22

コーチングの極意

　ひとつのプロジェクトを現場に一任すると、時間に余裕ができる。余裕ができると、ほかのプロジェクトを一任するための準備ができる。一任するプロジェクトが増えるたびに、ほかにあてられる時間も増える――上司に、部下に、他部署に、そして自分自身にも。

　一任というレベルに一度達してしまえば、そこにとどまることは比較的簡単だ。このレベルを航空機に例えるなら、オートパイロットで飛行中というところだろうか。操縦は機械がやってくれるから、パイロットは計器を見ながら、必要なときだけ手動で操作すればいい。

それにひきかえ、とてつもない労力を要するのが機体を滑走路まで移動し、離陸し、一定の高度まで引き上げるプロセスだ。

では、どうしたら一任という理想の高度に到達できるのか。以前、〈1分間マネジャー〉に教わったのだが、管理職が現場を指導し、プロジェクトを「自動操縦できる高度」にまで引き上げることを〝コーチング〟と言うらしい。その高度に達すると、部下は自らの判断と能力でプロジェクトを仕切ることができ、上司の手動操作は最小限ですむという。肝に銘じておこう——。

コーチングの目的はプロジェクトを一任できる環境を整えること。

その環境を整えるには、具体的にどうすればいいのだろう。管理職は次の二点を確認してからでないと、現場にプロジェクトを任せてはいけないし、そもそも任せられない。ひとつはプロジェクトが軌道に乗っていること。もうひとつはそのプロジェクトを仕切るだけの能力が担当者にあること。この二点をクリアしないで部下に主導権と責任を渡すのは、一任ではなく放任だ。

むろん、プロジェクトによっては最初から一任できるものもあるだろう。過去に同様のプロジェクトを任せたことがあり、プロジェクトの段取りも担当者の実力も最初から分かっている場合だ。

しかし、重要性や難易度の高いプロジェクトについては一から任せるというわけにはいかない。プロジェクトを立ち上げた段階では、担当者もその上司も今後の展開や新たに出てくる課題を完全に見通せるわけもなく、プロジェクトの進め方も担当者の適性もはっきりしないからだ。

そこで大半のプロジェクトでは一定期間のコーチングが必要になる。上司はコーチングを経て初めて、部下にあとを任せられるかどうか判断できる。

その判断材料を提供するのは、言うまでもなく部下の**務め**であり、自分の力量をアピールして上司の信頼を勝ち得なくてはいけない。第一、部下が実力を証明してくれなかったら、上司はあとを任せたくても任せようがない。

現場の仕事は上司よりも部下のほうが心得ているものだ。その意味でもプロジェクトの段取りは部下のほうから提案するべきだろう。**そう考えると、コーチングやプロジェクトの一任は上司と部下の共同作業である!**

コーチングのプロセスを具体的に説明するために、部下のゴードンが最近手がけたプロジェクトを例に引こう。

前にも言ったが、ゴードンはかつて〝サルの生産工場〟だった。ゴードンのケースは我が部署の二年間の成長ぶりを物語るエピソードであり、私にとっては自慢のタネだ。まずは事の経緯を説明し、次にその解説をしてみたい。

先日、当社の製品が一部の販売地域でトラブルを起こしかねないことが判明した。その製品を担当していたゴードンは、私が腰を上げる前に私のオフィスにやってきて状況を報告した。それを聞いた私は、この問題が〝高い代償を伴う不祥事〟に発展しかねないことを知った。ゴードンがすでに対策を考えているというので、それについて翌日話し合うことにした。

話し合いはゴードンの主導で進められた。ゴードンは自分の提案の概要をレポート用紙一ページにまとめ、十八ページにわたる参考資料を添付。彼が概要を読み上げたあと、私たちはその内容について検討した。

そこには事実関係が簡潔にまとめてあり、問題に対する三通りの解決案と各案の長短、どの案が最善と考えられるのかが示されていた。その時点では、問題の原因が当社の製品にあるのか他社製の付属品にあるのか判然としなかった。そこでゴードンは原因の究明を最優先課題とし、その結果、処置が必要と分かったら、処置を施すことを提案した。

ゴードンはこのプロジェクトに必要な実務を一手にさばいた（私にはありがたかった。管理職になって以来、どうしても現場の実務にはうとくなっていたので）。誰が、何を、いつまでにやればいいのかを決め、コストを算出。必要な資源（予算、承認、人手など）を割り出し、私に協力を要請してきた。ゴードンの実務上の準備は非の打ちどころがなかった。

しかし、私には気になる点がひとつあった。ゴードンは営業部、役員、取引先の反応を深く考えていなかったのだ。とくに不安に感じたのは副社長二人がどう言うかである。両名の協力なくして、ゴードンの問題解決プロジェクトは成立しない。私はゴードンと話し合った。

ゴードンは両名を説得してみせると言い切った。そこで私は、二人の副社長にプロジェクトの計画を話し、意見を仰ぎ、その結果を報告するように指示した。

後日、ゴードンは報告に来たが、副社長を懸命に説得したにも関わらず、二人のうち一人が最後まで難色を示したという。ゴードンの要請で今度は私が説得に乗り出すことになったが、「君も同席して、できるだけ援護してくれ」と条件をつけた。

二度にわたる説得と計画を多少変更したのが功を奏して、プロジェクトは無事に始動。これで心置きなくゴードンにあとを任せることができた。一カ月後に進捗状況の報告会を開き、その後の段取りを検討することになったが、それまでのあいだゴードンは数十匹のサルをひとりでさばいた。

それでは今のエピソードを分析しながら、私がゴードンにプロジェクトを一任できると判断した材料を挙げていこう。とくに注目してほしいのは、その判断材料を**誰が**提供したかという点だ！

1. **部下の力量に不安があるうちはプロジェクトを一任できない。**

その点、ゴードンはプロジェクトに関する実務を**ほとんど**やってのけ、私を心強くした。とくに頼もしく感じたのは、抜かりのない準備、説得力のあるプレゼン、同様のプロジェクトを扱った実績だ。しかし、多少の心配は残っていたので、しばらくは私がプロジェクトの指揮を執ることにした。そのあいだ、ゴードンには課題（サル）を与え、Aタイプの保険でカバー（上司の承認を得てから着手する）。ゴードンがひとりで解決できない課題については、〝代わりに〟ではなく一緒に取り組んだ。おかげでゴードンを指導する機会ができた。

2. **段取りの分からない部下にはプロジェクトを一任できない。**

自分でプロジェクトの計画が立てられないなら、誰かに立ててもらわなくてはいけない。かりに私が立てたとしたら、その計画は上司からの命令になってしまう。だからゴードンは自ら計画を立て、私を説得した。おかげで私の手間は大幅に省け、ゴードンのモチベーションは大幅にアップ。自分の計画ではなく私の命令だったら、さほどやる気は起きなかっただろう。

3. **必要な資源（時間、情報、予算、人手、支援、承認）を確保できない部下にプロジェクトを一任するのは無謀である。**

必要な資源を誰よりも分かっているのはゴードン自身だ。ゴードンは必要なものを**自分で**決めて手配した。必要な資源を極力自分で確保したうえで、自力で調達できないものについては私の協力を求めた。

4. **プロジェクトの予算、スケジュール、内容、規模に同意できないうちは、そのプロジェクトを一任できない。**

こうした枠組みをなおざりにしたままプロジェクトを任せるのは管理職と

して責任放棄にあたるだろう。しかし、プロジェクトの枠組みを了承するには枠組みがなくては始まらない。ということは、誰かが枠組みをつくらなくてはいけないわけだ。その作業にいちばん適しているのは枠組みのビジョンをもつ人間――この場合はゴードンである。ゴードンは見事な枠組みをつくり、私の了承をとりつけた。

5. **言うまでもないが、担当者が責任をもって取り組めば、プロジェクトの成功率は上がる。**

ほかの条件が同じなら、**部下が責任を自覚しているほど、安心してプロジェクトを任せられる**。ゴードンの責任感はおのずと発生した。プレゼンに時間と労力を投じたことで責任を自覚しただろうし、プロジェクトにかける意気込みも違ってきたはずだ。ゴードンはプレゼンをとおしてプロジェクトの成功を私に誓った。その誓いが自身の覚悟につながった。ゴードンが自分から責任を感じてくれたので、私はアメやムチを使う必要がなかった。

今の解説で、一任するに至った判断材料をすべて挙げたわけではないが、一任するまでの手順は分かっていただけたと思う。

私はゴードンを完全に信頼できるまで、自らプロジェクトの指揮を執った。しかし、その間も〝次の対応〟を率先して考え、実行したのはほとんど**ゴードン**であり、その積み重ねが私の信頼を得ることにつながった。

これがコーチングのあり方だ。コーチングの目的は部下を立派に自立させること。それなのに部下が自力でできることを私が代行してしまったら、本末転倒である。

コーチングの定石はこうだ――部下は上司の指導を受けながら与えられた課題をこなし、上司は部下の力量を見ながら徐々に主導権を渡す。部下が課題をクリアするたびに、部下も上司もプロジェクトの進行をチェックする機会と材料が増える。プロジェクトが軌道に乗ったことを双方が確認し、かつ、上司が部下を合格と判断した時点で、上司は少しずつプロジェクトから手を引く。

部下に与える課題は**上司の手ほどきを必要とするもの**だけに限定しよう。通常、最初の課題はプロジェクトの段取りを考えさせること。部下が満足な段取りを立てられるまで、必要に応じて軌道修正してやる。その結果、まだプロジェクトを一任できる状態ではないと思ったら、次なる課題はプロジェクトを進めるのに必要な〝次の対応〟を考えさせ、実行させること。このときも部下のスキルが熟したことを確認するまで、指示や指導を続けなくてはいけない。

つまり一任とは、お察しのとおり、単なる〝行為〟ではない。充分なコーチングをとおして初めて成立する〝状態〟を指すのである。

むろん、すべてのコーチングがゴードンの事例のようにスムーズにいくとはかぎらない。だが、何回か繰り返すうちに上司と部下も、そして部下同士もお互いの出方が読めるようになり、足りないところをカバーし合えるようになる。

アメフトに例えれば、ボールを投げる選手と受け取る選手の関係だ。練習を積んだクオーターバックがあの広いフィールドで正確なパスを出せるのは、チームメイトが何秒後にどこにいるのか読んでいるからだ。そしてパスを出すほうも受けるほうも、お互いのプレーをカバーし合う。

キャッチが良ければ、まずいパスもナイスパスになる。
パスが良ければ、受けた選手はナイスキャッチとほめられるだろう。

上司、部下、ビジネスの現場も同じだ。連係プレーを練習するうちに現場のチームワークは向上し、上司は現場のやることを追認するだけですむようになる。

23

三つの時間をやりくりしよう

〈1分間マネジャー〉にサル管理の話を聞いてから、いろいろなことがあった。あれ以来、自分の人生がどれだけ変わったのか振り返るとき、あるサラリーマンの話を思い出す。彼は「今の会社にはいつからお勤めですか」と聞かれて、こう答えたという。「クビにするぞと脅されてからだよ!」

私も危機感に駆られて行動を起こした。路線を変更するのは容易ではなかった。かなり反発を買ったし、失敗もした。それでも本来の務めをようやく果たせるようになって、昔に戻ることはなくなった。これからも戻るつもりはない!

私がセミナーで習ったことを実践するようになると、部下たちはセルフマネジメントを身につけていった。自分の仕事は自分で管理するほうが気分もいいし、成果も上がる。私としても部下から手が離れたぶん、よその部署とのつき合い方に気を配る余裕ができた。そのつき合いの良し悪しが、ひいては我が部署のパフォーマンスに影響する。

そこで今度は社内の人間関係と、オンケンの『管理職の時間管理』セミナーで学んだもうひとつのテーマにスポットを当ててみたい。

これまで説明してきたサル管理は、オンケンの言う「部下にあてる時間（部下のサルにかまう時間）」をコントロールするのに有効だ。一方、マネジメントの成功は次の三タイプの時間を上手にやりくりできるかどうかにかかっている。

企業人の三つの時間

●上司にあてる時間
●ルーティンワークにあてる時間
●自分にあてる時間

24

上司にあてる時間

上司にあてる時間とは、上司がいなければやらずにすむことに使う時間だ。

上司は不可欠な存在というわけではない。退職したり、年金生活を始めたり、宝くじを当てたり、会社をおこしたりすれば、とたんにいなくなる。だが、上司がいる以上は多少の手間ひまを**覚悟**しなくてはいけない。ビジネスの世界には**金《きん》を持つ者がルールを決める**という黄金律があるからだ!

金(権力)を握っているのが上司であることを思えば、上司の期待に応えることが我が身のためになることは言われなくても分かる。上司の期待に常に応えるには時間がかかるが、期待に応えないと余計に時間を取られてしまう。

私は、まだ部下のサルで手一杯だったころに大きなミスを犯した。忙しさにかまけて上司への報告をまめにしなかったのである。そのせいで上司は恥をかいた。本来なら私が知らせるべきだった現場のトラブルを、役員の口から聞くはめになったのだ。

これを機に、私は定期的に報告を上げるように厳命された。前々からきちんと報告を上げていたら、このような余計な時間を取られることはなかっただろう。

今の私が上司を満足させるために心がけていることは何か。受け売りになってしまうが、この表現がいちばんいいだろう。それは、**上司の要望は常に聞き入れる**ということ。上司の要望が気に入らなかったら、**要望の内容を変えてもらえばいい**。しかし、聞き入れる姿勢は変えてはいけない。

とはいえ、上司の意見に常に賛同する必要はない。それでは、かえってアダになってしまう。

上司と部下の意見がいつも一致するなら、どちらか一方はいらない。

しかし、上司を満足させることは自分のためになる。そこで、上司の要望に賛成しかねるときは上司の立場になって考えてみよう――こんなとき、自分だったら部下にどうしてほしいかと。これを**進言**と呼ぶ。

上司にほかのオプションを提示して、考えを変えるように説得するのだ。それでダメなら、上司の望みを心を込めてかなえるしかない。

私もキャリアを積むなかで、さまざまな教訓を得てきた。とくに貴重な教訓は、仕事で成果を上げるだけでは、たとえ**自分は**満足でも、上司が満足するとは限らないということ。

上司に認めてもらうには時間がかかる。ときには仕事そのものにかけるよりも長い時間が必要だ。私の場合は、上司に対してまめに報告を上げること、二度と恥をかかせないこと、意向を確認すること、現場を任せてもらうだけの信頼を得ることなどに時間を割かなくてはいけない。

こうしたことをおろそかにすると痛い目に遭う。ここは経験者である私の言うことを信じてほしい。上司にあてる時間を惜しむと、かえって時間を取られる。その結果、部下や同僚にあてる時間も、自分のやりたいことにあてる時間もなくなってしまうのだ。

25

ルーティンワークにあてる時間

ルーティンワークにあてる時間とは、社内のきまりを守って、あるいは所属部署以外（他部署や業務提携先）の要請に応えて手続きに費やす時間を指す。

これも組織の一員としての義務だ。ルーティンワークには、無数の滑車がベルトコンベアに乗って社内を循環しながら配送と回収を繰り返しているイメージがある。配送先は未処理トレー、回収先は処理済トレーということになるだろうか。所定の申請書に必要事項を記入し、定例会議に出席し、内線電話に応対するのも、ルーティンワークのうちだ。

例えば、ある管理職の秘書が退職すると、その部署内には人事用語で言う〝欠員〟が発生する。新しい秘書を雇い入れる（これを欠員の〝補充〟と言う）ように頼むと、担当部署からは申請書や職務説明書の提出を求められる。こうした手続きをレッドテープ（膨大な文書を束ねて保存するために使う赤いひものこと。お役所の融通のきかない形式主義や、煩雑な書類手続き非能率的な状況を指す）、雑務、文書主義、役所仕事などと呼ぶ向きもある。

このようなルーティンワークは、ほぼすべての企業に存在する。というのもライン管理をサポートする部署はどこも多忙で人手が足りないからだ。その理由を総務部の同僚はこう言っていた。「頼まれる仕事に限りはないが、こちらの処理能力には限りがある！」

そんなわけでサポート部署のスタッフは殺到するリクエストをさばき切れない。そこで現場の混乱を緩和し、自分たちの仕事を少しでもラクにするために考え出されたのが各種の用紙であり、所定の手続きであり、細かいマニュアルなのだ。

ルーティンワークは面倒で時間を食うから、多くの社員は文句を言う。しかし、組織のルールを無視するのは危険だ。それについてオンケンは興味深い実例を挙げた。

ある企業の管理職が、使っていた椅子が壊れたので新調したいと思った。なにぶん多忙の身なので、総務部に知り合いをつくる暇はなかったし、面と向かって椅子を注文する時間もない。そこで彼は内線で用件を伝えることにした。

彼は相当なストレスを抱えていたうえに、椅子が壊れていら立っていた。だから頼み方がぶっきらぼうになったのだろう。相手もぶっきらぼうな返事を寄こした。「書面でないと受けつけられません。ちゃんと所定の用紙に記入してください」

所定の用紙が手元になかった彼は、仕方なく総務部まで出向くことにした。平静を装ったつもりだったが、いら立ちは顔に出ていた。彼はその場で用紙に記入し、投げつけるようにして提出した。

その十日後（注文した椅子がそろそろ届くころだ）、彼のデスクに、提出したはずの用紙が置いてあった。ホチキスで留められたメモにはこんなメッセージが――〝申し訳ありません。品番の記入に誤りがあったので、ご依頼の件は処理できませんでした〟。

カッとなった彼は総務部に電話し、怒鳴りつけた。そしてようやく怒りが静まったところで尋ねた。「で、正しい品番は何だ？」

すると相手はクスクス笑いながら、こう答えた。

「いいですか？　こちらの仕事は間違いを指摘すること。正しい番号を記入するのは、あなたの仕事でしょう？」

結局、この管理職は壊れた椅子を自分で修理したという。

我々の仕事は事務方のサポートなくして成り立たないし、向こうからよりもこちらから協力を仰ぐことのほうが多い。だから、組織のなかで生きていくには彼らのルールに従わなければいけない。時間がもったいないからと言って社の決まりを無視すると、結果的にさらなるルーティンワークを強いられることになる。

26

自分にあてる時間

上手にやりくりしなければいけない三番目の時間は**自分にあてる時間**。

この時間内に消化するのは**自分が**決めた予定であって、上司や他部署や部下への対応ではない。自分にあてる時間がなければ、社員は組織の歯車でしかなくなるだろう。

この時間がほかの二つよりも大切なのは、組織のなかで個を発揮できる唯一の時間だからだ。上司にあてる時間では、個よりも上司の意向を優先しなくてはいけない。ルーティンワークにあてる時間でも組織のルールが優先だ。したがって、組織に自分なりの貢献ができるのは、この時間をおいてほかにない。

自分にあてる時間には、コレステロールと同様に、善玉と悪玉がある。
善玉は**自由活動の時間**、悪玉は**部下にあてる時間**。

後者は、前にも触れたが、部下のサルにかまう時間だ（これも自分にあてる時間のうち。部下のサルを引き受けるかどうかは自分が決めるのだから）。

27

もっとも価値ある時間——自由活動の時間

自由活動の時間は、金銭的な見返りとは別に、仕事へのやりがいを実感できる瞬間だ。発案、企画、部署の改革や運営、部下の指導といったことに専念できる時間である。こうした個人の活動こそが企業の成長と繁栄を促し、ひいては企業の存続につながる。自由活動の時間は個人にとっても企業にとっても生命線だ。

しかし、もっとも尊重するべきこの時間は、プレッシャーにさらされると真っ先になくなってしまう。私も、そのはかなさをイヤというほど思い知った。

それはどうしてなのか。ひとつは勤め人の心理だろう。ご存知のように、上司の意向に逆らえば**反抗的**と思われる。社内の決まりを守らなければ**協調性がない**と責められる。部下との約束（＝サルの世話の代行）を後回しにすれば**グズ**呼ばわりされるだろう。私たち勤め人はそうした批判にめっぽう弱い。なぜなら――。

社内のニーズを軽んじると、目に見える制裁が即座に下るからだ！

一方で、いちばん貴重な時間＝自由活動の時間を軽んじると、どんな制裁が待っているのか。

例えば、かねてから計画していたこと（しかも社内の人間は誰も知らない計画）をやりそびれた場合はどうだろう。それならば、即座にとがめを受ける心配はない。そもそも計画を知る者がいないのだから、計画を先延ばししたところで責める者もいないわけだ。

ところが社内のニーズを軽んじれば、さっそく「反抗的」「協調性なし」「グズ」と叩かれる。自由活動と社内のニーズ、どちらを優先したくなるかは言うまでもない！

自由活動の時間を軽んじてもすぐに罰を受けるわけではないが、長い目で見れば、社員も企業も大きなツケを払わなくてはいけない。

個々の社員には自由活動をとおして**のみ**組織に貢献できることがある。企業はその貢献を失ったら、成長どころか存続すら危うくなるだろう。

社員が自由活動の時間を失うと、企業の創造性、革新性、先進性は育たない。また社員にとっては会社生活が生き地獄になってしまう。他人の都合に振り回されるだけで、個々の創造性、革新性、先進性を発揮する時間がなくなるからだ。

28

まずは部下にあてる時間を減らす

だったら、どうすればいいのだろう？　社内のしがらみを断つことはできないなかで、二年前の私はどうやって自由活動の時間を捻出したのか。

上司、同僚、部下とのつき合いは同時進行で考えるのが鉄則だが、それでも**スタート地点**は決めなくてはいけない。私が最初に手をつけたのは部下にあてる時間を減らすことだった。

その理由は二つある。ひとつは、部下のサルを引き受けるのは私の仕事ではないから。もうひとつは、思い切った路線変更を迫られていたからだ。

急激な路線変更は周囲の反発を買う。反発は買いたくなかったが、それもやむなしだとしたら、せめて反発を買う相手を選ぶのが得策だろう。部下なら、私に対してサルを一方的に押しつけることはできない。しかし、上司や他部署の同僚は違う。私が彼らのニーズを無視して路線変更にまい進したら、その罰としてサルを一方的に押しつけられるかもしれない。

以上の理由から、まずは部下にあてる時間を減らすことにした。すると、減らした分だけ自由活動にあてる時間が増えた（自分にあてる時間＝部下にあてる時間＋自由活動にあてる時間なので）。私はその時間を使って、管理職としての自分を立て直していった。

29

希少な時間を大きく確保

自分を立て直すと言えば、『管理職の時間管理』セミナーでおもしろい話を聞いた。

森の中を二人の男が駆けている。二人は熊に追いかけられていた。熊はだんだん迫ってくる。そこで一人が「ランニングシューズを履いていたら、もっと早く走れるのに」と言った。もう一人が「それでも熊の足には勝てないよ」と返すと、最初の一人が言い放った。「熊に勝ちたいんじゃない。おまえに勝ちたいんだ！」

相方を抜き去ったところで、熊に追われている状況に変わりはない。私の場合は部下のサルを振り切ることはできたが、ほかの追手が背後に迫っていた。それは上司や他部署からの指示であり、部下からの正式な要請だ。しかし自分にあてる時間を捻出できたおかげで、こうしたニーズに対処するゆとりが生まれた。

せっかく捻出した時間のタネは大切にまいて、大きく育てなくてはいけない。まずは上司だ。上司の信頼を得て、自由に使える時間をさらに増やすにはどうしたらいいのか――私はじっくりと作戦を練った。

当時の私は、上司の承認を得てからでないと多くのプロジェクトに着手できなかった。上司は私のプランを確認したがっていた。そうやってトラブルの芽を事前に摘んでおきたかったのだろう。

上司にいちいちお伺いを立てるのは相当な手間だったが、プロジェクトの成功例が増えるにつれて、私への信頼も増したようだ。ついにはプロジェクトを全面的に任せてもらえるようになり、上司への報告は三カ月に一度の定例報告ですむようになった。

そのおかげで私も上司も時間に余裕ができた。言ってみれば、自分にあてる時間を使って、自分にあてる時間を増やしたのである！

他部署のスタッフに対しても同様のアプローチを取った。

昔なら、彼らに動いてもらうには管理職という立場に物を言わせるしかなかった。目が回るほど忙しかったので、建設的な接し方を考えるゆとりはなかったからだ。そのぶんツケも払った。

しかし、自分にあてる時間ができてから、社内の人間とコミュニケーションを図る余裕ができた。そして、お互いに気心が知れてくると、しつこく頼み込まなくても協力してもらえるようになった。

その経緯を手短に話そう。以前は緊急の用事を頼んでも、マニュアルどおりに対応をしてもらえれば御の字だった（「そこの用紙に必要事項を記入してください。順番に処理します」）。

しかし、ここ数カ月間は時間を使って、他部署のスタッフと良好な関係を築くことに努めてきた。今では急なお願いをしても快く応じてくれるので、交渉に時間をかける必要がない――以前は〝融通がきかない、使えない、対応が遅い〟と思っていた部署なのだが。

ここでも、上司のときと同じように、自由活動の時間を使って自由活動の時間を増やすことができた。

事務職の人間と接していて分かったのは、社内のシステムがどれだけ非効率的であっても、そのシステムを回している人たちは、その気になれば一肌も二肌も脱いでくれるということだ。だから、システムの煩雑さを嘆き、呪うよりもこう割り切ることにした——**曲がった棒を無理に伸ばすよりは、その棒で一撃を繰り出すほうがずっと早い**。

部下についても同じことが言える。ご承知のとおり、私はたった半日で（〝運命の月曜日〟の午前中で）部下のサルをすべて返し、サルにかまう時間を自分にあてた。次にその時間を使ってコーチングを行い、部下の自立を促した。

部下が自立してくれると、私の時間は増え、部下の士気は上がった（部下の自立と士気は正比例の関係にある）。

30

管理職の冥利

今の私にとって、仕事の成果をはかるものさしは部下のパフォーマンスであって、自分のそれではない。さいわい、上司も同じものさしを使って私を評価してくれる。

うれしいことに今後はもっと大きな仕事を任せてもらえることになった。今の私は気持ちは充実しているし、人にも顔色が良くなったと言われる。忙しいのは相変わらずだが、時間に追われて焦りを感じることはなくなった。サル管理をおぼえる前は心身ともに慢性のストレスに悩まされていたが、それも今となってはも苦い思い出にすぎない。

それもこれも仕事に対する考え方が変わったからだ。私の意識は**ワーカー**から**マネジャー**に切り替わった。私がおぼえたのはサル管理だけではない。**現場で働く**手ごたえを、**現場を管理する**手ごたえに変えることも学んだ。部下のがんばりによろこびを感じ、部下のがんばりによって評価を受け、給料をもらい、昇進することにやりがいを見いだしたのである。

何よりも励みになったのは、部下が私の新しいマネジメントスタイルに応えて生産性と士気を上げてくれたこと。部下が結果を出してくれたからこそ、私のコーチングは成功し、現場から徐々に手を引くことができた。今の私が現場に介入するのは、部下の提案にゴーサインを出すときくらいだ。

部下との関係が改善したきっかけは、私自身の悪循環を断ち切り、好循環をつくり出したことだ。悪循環も好循環も圧倒的なパワーで勝手に勢いをつけていく。

私が仕事のスタイルを改めると、部下がそれに応え、現場の生産性と士気が向上。私は安心して部下に現場を任せられるようになり、その結果、部下の自由裁量と私の時間が増えた。

その時間を上司にあてたら、信頼を得ることに成功し、自分にあてる時間がさらに増えた。増えた時間を他部署とのつき合いにあてたら、少ない時間で多くの協力を得られるようになった。おかげで顧客や取引先とのつき合いにも時間を割ける。どちらも組織の存続を左右する重要なつき合いだ。

しまいには、おつりまで来た。それが自由活動の時間という希少な時間だ。

私はこのおつりをフルに活用して、やりたかった仕事に（久しぶりに）取り組んだ。これぞ管理職の冥利。私もようやく管理**される**立場から管理**する**立場になったのである。

31

新しい取り組み

以前は火を消すことに精一杯だったが、今は防火対策にわずかな手間をかけることで、火そのものをほとんど出さずにすんでいる。以前は後手に回っていたが、今は先手を打つようになった。

先手とは、例えば、不測の事態に備えて対応を考えておくこと。そうすればやるべき仕事が正しい方法で一度に片づく。途中で一からやり直す必要はない。

私は思い至った——全社員が自分のサルを自分で管理するようになれば、上司と部下の別はなくなるのではないか。誰もが自分の仕事に最後まで責任をもつわけだから、上も下も関係ないだろう。

最近は、自己改革に取り組むだけではなく、今まで学んだことを友人知人に伝えている。伝える相手は、おおむね時間に追われて自分の仕事、家族、友人にまで手が回らない人たちだ。その人たちにサル管理の効果を実感してもらい、思い思いのサル園で園長になってほしいと考えている。

この新たな取り組みによって、私ばかりか周囲の人たちの生き方も変わってきたようだ。


最後に。仕事でも、プライベートでも、サル管理について学んだことはいくつもある。そのなかでいちばん大事な教訓は、私たちのもとには手に余る数のサルがたえず寄って来るということだ。

引き受けるサルを選ぶときはよほど慎重にならないと、どうでもいいサルを世話して、肝心のサルを放置することになる。すべてのサルを引き受けようなどと無謀な考えを起こせば、せっかくの努力も水泡と化し、どのサルも病気になってしまうだろう。

本書のサル話が、みなさんのお役に立つことを願っている。私には大いに役立った。その効果を日々実感しているしだいだ。ちなみに、私はこの文章をオフィスで書いているのだが、オフィスには私しかいない。ドアは開けっ放し。デスクの上の家族写真に目をやれば、そこにも大きな変化が……。

なんと、私も一緒に写っている！

私の話はここでおしまい。そして続く――今度は、あなたがこの話をみんなに広める番だ！

謝辞

本書が完成するまでに各方面から多大なご尽力をいただいた。この場を借りてお礼を申し上げたい。

旧ブランチャード・トレーニング・アンド・デベロップメント社の副社長だったロバート・ネルソンは、その文才を生かして執筆、編集、コーディネートに協力してくれた。

私の自慢の秘書エレノア・ターンドラップはこの四年間、原稿を書き直すたびにデータ入力してくれた。

ウィリアム・オンケン・コーポレーションのウィリアム・オンケン三世とラモーナ・ニールには原稿整理を手伝ってもらい、『管理職の時間管理』セミナーとの整合性をチェックしていただいた。

旧ブランチャード・トレーニング・アンド・デベロップメント社カナダ支社のジョージ・ヒートンは今回の企画に弾みをつけてくれた。

出版エージェントのマルグレット・マクブライドには、最後まで惜しみない支援を頂戴した。

ウィリアム・モロー社の諸氏にもお世話になった。とくにラリー・ヒューズ、アル・マルキオーニ、担当編集者のパット・ゴルビッツとアシスタントのジル・ハミルトンは〝1分間シリーズ〟を育て上げ、本書をその仲間に加えてくれた。ジム・バラードは〝お呼びでないレスキュー隊自主治療会〟の生みの親であり、スティーブン・カープマンには〝レスキュー隊〟の定義を解説してもらった。

ポール・ハーシィはリトルリーグにまつわる考察を聞かせてくれた。

内助の功のマージョリー・ブランチャード、マーガレット・オンケン、アリス・バローズは、良いときも悪いときも私たち夫を支えてくれた。

本書は『1分間マネジャーの時間管理——部下のモンキーは部下に背負わせろ！』（一九九〇年七月、ダイヤモンド社）を新訳改訂したものです。

■著者紹介

ケネス・ブランチャード

“1分間シリーズ”とシチュエーショナル・リーダーシップⓇの生みの親であり、著述家、大学教授、コンサルタント、ビジネストレーナーとしても世界的に知られる。米マサチューセッツ大学アマースト校ではリーダーシップ理論と組織行動を教えている。リーダーシップ、モチベーション、マネジメント改革をテーマに多数の著書を発表。代表作に、社会現象を巻き起こした“1分間”シリーズ（各界のリーダーたちと共著）、ノーマン・ビンセント・ピール共著『人間的経営の力』（ダイヤモンド社）、教材として定番になったポール・ハーシィ共著『行動科学の展開』（生産性出版／原書は第9版まで）など。米コーネル大学で政治哲学を学んだあと、米コルゲート大学で社会カウンセリング学の修士号を、コーネル大学で教育経営学の博士号を取得。現在は母校コーネル大学の理事を務める。米カリフォルニア州サンディエゴに人材育成会社のケン・ブランチャード・カンパニーズ（旧ブランチャード・トレーニング・アンド・デベロップメント社）を、妻のマージョリーとともに設立し、現在は同社の会長。指導にあたった管理職は20万人を超え、その指導内容は各国の大手企業から新興企業にまで広く活用されている。

■著者紹介

ウィリアム・オンケン・ジュニア

マネジメント理論の大家。1934年に米プリンストン大学を卒業後、さまざまな業種で要職を歴任した。自由競争社会のなかで個人と組織が勝ち残るカギは、管理職が“自由活動の時間”を捻出、活用することにあると確信。豊富な実務経験と深い考察を生かして『Managing Management Time（管理職の時間管理）』『Managing Managerial Initiative（管理職のイニシアチブ管理）』と題したセミナーを開講し、世界的に評価を得る。また、ハーバード・ビジネス・レビュー誌に発表した“Managing Management Time: Who's Got the Monkey?（管理職の時間管理——そのサルは誰のもの？）”と題した記事（ドナルド・ワース共著）は大きな話題を集め、同名の著書『Managing Management Time』は管理職のバイブルになった。1960年、米テキサス州ダラスにウィリアム・オンケン・コーポレーションを設立。同社は今もオンケン独自のマネジメント哲学にもとづく質の高い人材育成プログラムを提供している。オンケンの遺産である『管理職の時間管理』セミナーは開講から半世紀あまりを経た現在でも世界中の管理職が受講し、管理職にとって最高の財産である“自由活動の時間”の捻出と活用を学んでいる。本書は“Oncken's Management Molecule（オンケン流マネジメント因子分析）”のなかの“部下管理”を原典とした。

■著者紹介

ハル・バローズ

時間管理術の第一人者。世界的な大手企業二社に勤務した後、コンサルティング会社を経営するかたわら、マネジメントや交渉術の論客として絶大な人気を集める。数千人の管理職と接した経験と知恵を生かし、1973年より一般企業や官公庁で講演活動を開始。現在もコンベンションなどの大きな会合で講師を務め、時間管理や交渉術をテーマにしたセミナーを主宰している。地元の米ノースカロライナ州ローリーでは不動産開発も手がける。連絡先はP.O.Box 52070, Raleigh, NC 27612、電話（米国内から）919-787-9769。

■各種プログラムのご案内

ケン・ブランチャード・カンパニーズ®はリーダーシップや組織力の強化を多方面からサポート。本書で紹介したアイデアやメソッドのほかにも、職場の生産性や従業員の士気を上げ、顧客の信頼を獲得するためのノウハウをケン・ブランチャード率いる講師陣、ブランチャード・インターナショナル、世界各地で活躍するコンサルタント、トレーナー、コーチが指導しています。

弊社独自のノウハウについて、また、ブランチャード・インターナショナルが提供するサービス、プログラム、製品について詳しく知りたい方は左記までお問い合わせください。

ブランチャード・インターナショナル（ジャパン）
Eメール　info@blanchardinternational.jp
電話　03-5771-7073
ウェブサイト　www.blanchardinternational.jp

ケン・ブランチャード・カンパニーズ（アジア太平洋地域）
Eメール　singapore@kenblanchard.com
電話　（シンガポール国外から）＋65-6775-1030
ウェブサイト　www.kenblanchard.com/contact/?vlc=200

ケン・ブランチャード・カンパニーズ（本社）
Eメール　international@kenblanchard.com
電話　（アメリカ国外から）＋1-760-489-5005
ウェブサイト　www.kenblanchard.com
住所　125 State Place, Escondido, California USA 92029

THE ONE MINUTE MANAGER MEETS THE MONKEY
by Ken Blanchard, William Oncken & Hal Burrows and first published in 1998
by Pearson Education, Inc., 221 River Street, Hoboken, New Jersey U.S.A.

Japanese language print translation published by Pan Rolling, Inc.
This Japanese Translation is published by arrangement with Pearson Education, Inc.
Permission for this edition was arranged by Japan UNI Agency, Tokyo Japan.

■ソーシャル・ネットワークのご案内

●ユーチューブ

http://www.youtube.com/KenBlanchardCos

ケン・ブランチャード・カンパニーズが誇るオピニオンリーダーたちの講演を配信中。チャンネル登録すると、更新情報がいち早くキャッチできる。

●フェイスブック

http://www.facebook.com/KenBlanchardFanPage

ケン・ブランチャードとブランチャード作品のファンに向けて、フェイスブックにファンクラブを開設。動画、画像、特別イベントの案内も随時お知らせ。

●ブログ

http://www.howwelead.org

リーダーシップをテーマにしたケン・ブランチャードの公式ブログ"How We Lead"は人生を前向きに変えるためのヒントが満載。誰でも自由にアクセスできて、リーダーシップに関心をもつ世界中の人たちと交流できる。ブランチャードへのメッセージも受付中。

●ツイッター

@kenblanchard

ブランチャード本人がメッセージを発信。イベントの出演予定や、リアルタイムのつぶやきをチェックしよう。

■訳者紹介

永井 二菜（ながい にな）
近年の訳書に『イベントトレーディング入門』『もう一度ベストカップルを始めよう』（パンローリング）、『夫婦仲の経済学』『社会を動かす、世界を変える　社会貢献したい人のためのツイッターの上手な活用法』（共に阪急コミュニケーションズ）など。書籍のほかに、映像翻訳や海外タレントのインタビューも担当。東京都在住。

2013年 3 月 3 日 初版第 1 刷発行
2015年 10 月 1 日 第 2 刷発行
2016年 11 月 1 日 第 3 刷発行
2018年 4 月 1 日 第 4 刷発行
2022年 6 月 1 日 第 5 刷発行

フェニックスシリーズ ⑧

1分《ぶん》間《かん》マネジャーの時《じ》間《かん》管《かん》理《り》

――働きすぎを解消する仕事のさばき方

著　者　ケネス・ブランチャード、ハル・バローズ、ウィリアム・オンケン・ジュニア
訳　者　永井二菜
発行者　後藤康徳
発行所　パンローリング株式会社
〒 160-0023　東京都新宿区西新宿 7-9-18-6F
TEL 03-5386-7391　FAX 03-5386-7393
http://www.panrolling.com/
E-mail　info@panrolling.com
装　丁　パンローリング装丁室
印刷・製本　株式会社シナノ

ISBN978-4-7759-4111-9